U0085066

編者的話

開膛破肚的街道，正式宣布了**交通黑暗期**的來臨，每天通車上下班的您，除了無奈地窩在車陣中，還能做些什麼呢？

我們建議您來點特別的，為自己均衡一下——「**通車族生活英單字**」（*Today Is My All English Day*），讓您打發等車、塞車的無聊時間，輕鬆愉快地充實英文能力。

 本書三大特色：

1. 特別為**通車的上班族**設計，版面輕薄短小，便於攜帶，符合現代人精簡速食的要求。

2. 精心錄製的卡帶，配合一台**隨身聽**（walkman），您即可利用等車、塞車的零碎時間，為自己創造一個英語聽講空間，學會基礎生活英語。

3. 配合卡帶採「**聲音記憶法**」來學習，邊聽邊講，機動性強，既省時又記得牢。

您時常抱怨沒時間自我充實嗎？有了本書，您不妨將「交通黑暗期」變成「**學英文時間**」。您將發現，英文的魅力，無處不在；學習的樂趣，隨處可得。

本書採用米色宏康護眼印書紙，版面清晰自然，
不傷眼睛。

CONTENTS

UNIT 1

人(Human Beings) 2

* 身體　2
* 器官　4
* 外貌　5
* 性格　7
* 知覺・感覺　14
* 精神　16
* 情感　18
* 基本動作　25
* CHECK TEST 1　30

UNIT 2

人的意志(The Human Mind) .. 34

* 心智活動　34
* 認知・判斷　37
* 意圖・計畫　39
* 達成・障礙　40
* 要求・拒絕　43
* 努力・忍耐　44
* 預測・期待　45

＊ 調査・追尋　*46*
＊ CHECK TEST 2　*48*

UNIT 3

人生(Human Life) ·················· *52*

＊ 家　*52*
＊ 家庭　*58*
＊ 婚姻　*60*
＊ 食　*63*
＊ 衣　*68*
＊ 購物　*73*
＊ 娛樂　*76*
＊ 運動　*78*
＊ 保健　*81*
＊ 生死・命運　*88*
＊ 災害　*89*
＊ CHECK TEST 3　*93*

UNIT 4

社會生活(Social Life) ············· *97*

＊ 個人・社會　*97*
＊ 社交　*99*
＊ 人際關係　*100*
＊ 議論・非難・溝通　*107*

* 犯罪‧法律　*110*
* 職業　*113*
* CHECK TEST 4　*116*

UNIT 5

政治、經濟(Politics & Economy)..*120*

* 政治　*120*
* 國家‧國民　*125*
* 經濟　*130*
* 軍事　*135*
* CHECK TEST 5　*138*

UNIT 6

文化、教育(Culture & Education)*142*

* 學術‧教育　*142*
* 語言‧表現　*146*
* 歷史　*148*
* 藝文　*149*
* 道德‧宗教　*154*
* 新聞　*158*
* CHECK TEST 6　*161*

UNIT 7

科技(Science & Technology)....*165*

* 科技　*165*
* 機械‧建築　*167*

＊ 通訊　*168*
＊ 運輸　*170*
＊ 光・音・色　*177*
＊ 物質　*178*
＊ CHECK TEST 7　*181*

UNIT 8

自然(Nature) 185

＊ 宇宙　*185*
＊ 自然環境　*188*
＊ 自然現象　*193*
＊ 動物　*195*
＊ 植物　*203*
＊ CHECK TEST 8　*206*

UNIT 9

抽象概念(Abstract Notions) ...*210*

＊ 時間　*210*
＊ 數量　*214*
＊ 位置　*217*
＊ 形狀　*218*
＊ 狀態　*220*
＊ 大小・增減　*224*
＊ CHECK TEST 9　*226*

TODAY IS MY ALL ENGLISH DAY ·······

by Marge L.L. Chen
Thomas Deneau

 LEARNING PUBLISHING CO., LTD.

Human Beings
UNIT 1 人

●身　體

bone〔bon〕*n.* 骨；骨骼　*to the bone* 入骨；徹底地

skin〔skɪn〕*n.* 皮膚　skinny〔'skɪnɪ〕*adj.* 皮包骨的

muscle〔'mʌsḷ〕*n.* 肌肉
　　muscular〔'mʌskjələ〕*adj.* 強壯的

brain〔bren〕*n.* 腦；〔～s〕頭腦；智力

tongue〔tʌŋ〕*n.* 舌；語言　*mother tongue* 母語

forehead〔'fɔrɪd, 'fɔr,hɛd〕*n.* 前額

※　　　　　　　　　※

eyebrow〔'aɪ,braʊ〕*n.* 眉毛

beard〔bɪrd〕*n.*（口下方的）鬍鬚
　　mustache〔'mʌstæʃ, mə'stæʃ〕*n.*（口上方的）髭
　　whisker〔'hwɪskə〕*n.* 頰髭；腮鬚

chest〔tʃɛst〕*n.* 胸部（= bosom〔'bʊzəm〕）

abdomen〔'æbdəmən, æb'domən〕*n.* 下腹部

tear〔tɪr〕*n.*〔～s〕眼淚
　　in tears 流著淚　tear〔tɛr〕*v.* 撕裂

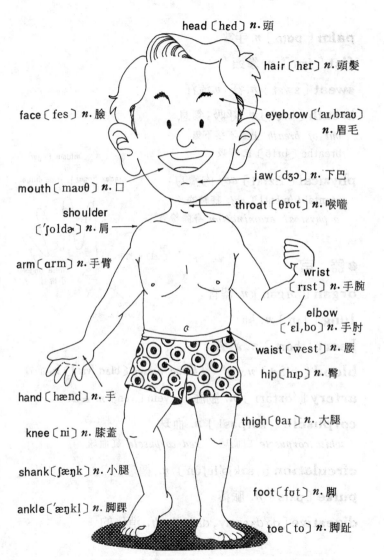

head〔hɛd〕n. 頭

hair〔hɛr〕n. 頭髮

eyebrow〔'aɪˌbraʊ〕n. 眉毛

face〔fes〕n. 臉

jaw〔dʒɔ〕n. 下巴

throat〔θrot〕n. 喉嚨

mouth〔maʊθ〕n. 口

shoulder〔'ʃoldɚ〕n. 肩

arm〔ɑrm〕n. 手臂

wrist〔rɪst〕n. 手腕

elbow〔'ɛlˌbo〕n. 手肘

waist〔west〕n. 腰

hip〔hɪp〕n. 臀

hand〔hænd〕n. 手

thigh〔θaɪ〕n. 大腿

knee〔ni〕n. 膝蓋

shank〔ʃæŋk〕n. 小腿

foot〔fʊt〕n. 脚

ankle〔'æŋkl〕n. 脚踝

toe〔to〕n. 脚趾

palm〔pɑm〕*n.* 手掌

fist〔fɪst〕*n.* 拳頭

sweat〔swɛt〕*n.* 汗　*v.* 流汗

breath〔brɛθ〕*n.* 呼吸；氣息
　　out of breath 上氣不接下氣
　　breathe〔brið〕*v.* 呼吸

physical〔'fɪzɪkl̩〕*adj.* 肉體的
　　mental〔'mɛntl̩〕*adj.* 精神的
　　a physical examination 身體檢查

middle finger
中指
index finger
食指
ring finger
無名指
nail
〔nel〕*n.* 指甲
little finger
小指
thumb
〔θʌm〕*n.* 拇指

● 器　官

organ〔'ɔrgən〕*n.* 器官

lung〔lʌŋ〕*n.* 肺

heart〔hɑrt〕*n.* 心臟

blood〔blʌd〕*n.* 血　　*blood vessel*〔blʌd 'vɛsl̩〕*n.* 血管

artery〔'ɑrtərɪ〕*n.* 動脈　　vein〔ven〕*n.* 靜脈

corpuscle〔'kɔrpəsl̩〕*n.* 血球
　　white corpuscle 白血球　　*red corpuscle* 紅血球

circulation〔ˌsɝkjə'leʃən〕*n.* 循環

pulse〔pʌls〕*n.* 脈搏

digestive〔də'dʒɛstɪv, daɪ-〕*adj.* 消化的

gullet〔'gʌlɪt〕 *n.* 食道；咽喉

stomach〔'stʌmək〕 *n.* 胃

liver〔'lɪvɚ〕 *n.* 肝臟

bowels〔'bauəlz〕 *n., pl.* 腸；內臟

intestines〔ɪn'tɛstɪnz〕 *n., pl.* 大（小）腸
　　small intestines 小腸　　*large intestines* 大腸

duodenum〔,djuə'dinəm, djʊ'ɑdn̩əm〕 *n.* 十二指腸

appendix〔ə'pɛndɪks〕 *n.* 盲腸

gallbladder〔'gɔl,blædɚ〕 *n.* 膽囊

bladder〔'blædɚ〕 *n.* 膀胱

womb〔wum〕 *n.* 子宮

●外　貌

figure〔'fɪgɚ〕 *n.* 姿態；人物；圖形；數字　　*v.* 計算
　　figure out 理解（＝understand）

profile〔'profaɪl〕 *n.* 側面

feature〔'fitʃɚ〕 *n.* 容貌的一部分
　　（如耳、鼻）；〔～s〕容貌

charm〔tʃɑrm〕 *n.* 魅力　*v.* 使迷醉
　　charming〔'tʃɑrmɪŋ〕 *adj.* 迷人的

attractive〔əˈtræktɪv〕*adj.* 吸引人的
　　attract〔əˈtrækt〕*v.* 引人注意
　　attraction〔əˈtrækʃən〕*n.* 吸引力

elegant〔ˈɛləɡənt〕*adj.* 高雅的；優美的
　　elegance〔ˈɛləɡəns〕*n.* 優雅；高雅

graceful〔ˈɡresfəl〕*adj.* 優美的；文雅的
　　grace〔ɡres〕*n.* 優雅

handsome〔ˈhænsəm〕*adj.* 英俊的（指男性）
　　pretty〔ˈprɪtɪ〕*adj.* 美麗的（指女性）

ugly〔ˈʌɡlɪ〕*adj.* 醜的　　　*ugly duckling* 醜小鴨

※　　　　　　　　　　　　　※

stout〔staʊt〕*adj.* 強壯的（= strong）；胖的（= fat）

lean〔lin〕*adj.* 纖瘦的（= thin）

slender〔ˈslɛndɚ〕*adj.* 苗條的

slim〔slɪm〕*adj.* 細瘦的；纖弱的　　*v.* 使變瘦

bald〔bɔld〕*adj.* 禿頭的　　bold〔bold〕*adj.* 大膽的

naked〔ˈnekɪd〕*adj.* 裸的　　nakedness *n.* 赤裸

bony〔ˈbonɪ〕*adj.* 瘦的；多骨的
　　bone〔bon〕*n.* 骨頭

plump〔plʌmp〕*adj.* 肥胖的；豐滿的

robust〔roˈbʌst〕*adj.* 強壯的

●性　格

character〔'kærɪktə〕 *n.* 性格；特徵
characteristic〔,kærɪktə'rɪstɪk〕 *adj.* 特有的
characterize〔'kærɪktə,raɪz〕 *v.* 以～為特性

personality〔,pɜsṇ'ælətɪ〕 *n.* 性格；個性
personal〔'pɜsṇl〕 *adj.* 個人的

foolish〔'fulɪʃ〕 *adj.* 愚蠢的
wise〔waɪz〕 *adj.* 聰明的

silly〔'sɪlɪ〕 *adj.* 非常愚蠢的

stupid〔'stjupɪd〕 *adj.* （智能上）愚蠢的
stupidity〔stju'pɪdətɪ〕 *n.* 愚蠢

dull〔dʌl〕 *adj.* 遲鈍的
bright〔braɪt〕 *adj.* 腦筋靈活的

❀　　　　　　　❀

clever〔'klɛvə〕 *adj.* 聰明的
cleverness *n.* 聰明

wise〔waɪz〕 *adj.* 聰明的；有智慧的
wisdom〔'wɪzdəm〕 *n.* 智慧

smart〔smɑrt〕 *adj.* 機敏的
smartness *n.* 機智

cunning〔'kʌnɪŋ〕 *adj.* 狡猾的；奸詐的
n. 狡猾；奸詐

crafty〔'kræftɪ, 'krɑftɪ〕*adj.* 狡猾的

haughty〔'hɔtɪ〕*adj.* 傲慢的

arrogant〔'ærəgənt〕*adj.* 傲慢的；自大的

curious〔'kjʊnəs〕*adj.* 好奇的
curiosity〔,kjʊrɪ'ɑsətɪ〕*n.* 好奇心

cheerful〔'tʃɪrfəl〕*adj.* 快樂的；令人愉快的
cheer〔tʃɪr〕*n.* 喜悅；歡愉　*v.* 鼓舞；爲～加油

lively〔'laɪvlɪ〕*adj.* 有生氣的
alive〔ə'laɪv〕*adj.* 活的

〄　　　　　　　　　〄

merry〔'mɛrɪ〕*adj.* 快樂的　　*make merry* 行樂；作樂
merriment〔'mɛrɪmənt〕*n.* 歡樂

mild〔maɪld〕*adj.* 溫和的　　*mild weather* 溫和的天氣

gentle〔'dʒɛntl̩〕*adj.* 優雅的；溫和的
gentleness *n.* 親切

tender〔'tɛndɚ〕*adj.* 溫柔的
tenderness *n.* 溫柔

generous〔'dʒɛnərəs〕*adj.* 慷慨的；寬大的
generosity〔,dʒɛnə'rɑsətɪ〕*n.* 慷慨；寬大

easygoing〔'izɪ'goɪŋ〕*adj.* 隨和的

optimistic 〔͵ɑptəˋmɪstɪk〕 *adj.* 樂觀的
　pessimistic 〔͵pɛsəˋmɪstɪk〕 *adj.* 悲觀的

liberal 〔ˋlɪbərəl〕 *adj.* 大方的；自由主義的
　liberate 〔ˋlɪbə͵ret〕 *v.* 解放

stubborn 〔ˋstʌbən〕 *adj.* 固執的
　a stubborn will 堅決的意志

obstinate 〔ˋɑbstənɪt〕 *adj.* 頑固的
　obstinacy 〔ˋɑbstənəsɪ〕 *n.* 頑固

persistent 〔pəˋzɪstənt, -ˋsɪst-〕 *adj.* 固執的

brave 〔brev〕 *adj.* 勇敢的
　cowardly 〔ˋkaʊədlɪ〕 *adj.* 膽小的
　bravery 〔ˋbrevərɪ〕 *n.* 勇敢

courageous 〔kəˋredʒəs〕 *adj.* 勇敢的
　courage 〔ˋkɜɪdʒ〕 *n.* 勇氣

bold 〔bold〕 *adj.* 勇敢的；大膽的
　boldness *n.* 大膽

reckless 〔ˋrɛklɪs〕 *adj.* 鹵莽的
　be reckless of 不顧～

impudent 〔ˋɪmpjədənt〕 *adj.* 鹵莽的；卑鄙的

prudent 〔ˋprudn̩t〕 *adj.* 謹愼的

shy〔ʃaɪ〕*adj.* 害羞的　　shyness *n.* 害羞

timid〔'tɪmɪd〕*adj.* 怯懦的
　timidity〔tɪ'mɪdətɪ〕*n.* 怯懦

modest〔'mɑdɪst〕*adj.* 謙遜的
　modesty〔'mɑdəstɪ〕*n.* 謙遜

moderate〔'mɑdərɪt〕*adj.* 溫和的；穩健的

humble〔'hʌmbḷ〕*adj.* 謙卑的

courteous〔'kɝtɪəs〕*adj.* 有禮貌的

�֍　　　　　　　✖

savage〔'sævɪdʒ〕*adj.* 野蠻的　　*n.* 野蠻人
　(= barbarian〔bɑr'bɛrɪən〕*n.*, *adj.*)

vulgar〔'vʌlgɚ〕*adj.* 粗鄙的
　vulgarity〔vʌl'gærətɪ〕*n.* 粗鄙

fierce〔fɪrs〕*adj.* 兇狠的

tough〔tʌf〕*adj.* 剛強的 (= strong)
　toughen〔'tʌfṇ〕*v.* 使強健

mean〔min〕*adj.* 卑劣的；平均的　　*n.* 中間；中庸
　v. 意謂；打算

stingy〔'stɪndʒɪ〕*adj.* 吝嗇的

miserly〔'maɪzɚlɪ〕*adj.* 吝嗇的
　miser〔'maɪzɚ〕*n.* 吝嗇鬼；守財奴

noble〔'nobḷ〕*adj.* 高貴的　　*a noble life* 高貴的人生
　　nobility〔no'bɪlətɪ〕*n.* 高貴；貴族

refined〔rɪ'faɪnd〕*adj.* 文雅的；精製的
　　refine〔rɪ'faɪn〕*v.* 精製；使文雅

earnest〔'ɝnɪst〕*adj.* 認眞的　　*n.* 認眞
　　in earnest 認眞地

serious〔'sɪrɪəs〕*adj.* 嚴肅的；認眞的
　　seriously *adv.* 嚴肅地；認眞地

severe〔sə'vɪr〕*adj.* 嚴厲的

sincere〔sɪn'sɪr〕*adj.* 誠摯的
　　sincerely *adv.* 誠懇地
　　sincerity〔sɪn'sɛrətɪ〕*n.* 誠懇

honest〔'ɑnɪst〕*adj.* 誠實的
　　honestly *adv.* 誠實地　　honesty〔'ɑnɪstɪ〕*n.* 誠實

amiable〔'emɪəbḷ〕*adj.* 和藹的

naive〔nɑ'iv〕*adj.* 天眞的

lazy〔'lezɪ〕*adj.* 懶惰的
　　a lazy student 懶惰的學生

idle〔'aɪdḷ〕*adj.* 閒散的；懶惰的（＝lazy）
　　v. 遊手好閒；虛擲光陰　　idleness *n.* 怠惰

diligent〔ˈdɪlədʒənt〕*adj*. 勤勉的
diligence〔ˈdɪlədʒəns〕*n*. 勤勉

steady〔ˈstɛdɪ〕*adj*. 沉著的；穩健的
steadily *adv*. 穩固地；踏實地

strict〔strɪkt〕*adj*. 嚴厲的
strictly *adv*. 嚴厲地

stern〔stɝn〕*adj*. 嚴格的

rigid〔ˈrɪdʒɪd〕*adj*. 嚴格的
rigidity〔rɪˈdʒɪdətɪ〕*n*. 嚴正

shrewd〔ʃrud〕*adj*. 精明的

sane〔sen〕*adj*. 神志清明的
insane〔ɪnˈsen〕*adj*. 神智不清的
sanity〔ˈsænətɪ〕*n*. 心智健全

sober〔ˈsobɚ〕*adj*. 清醒的
drunken〔ˈdrʌŋkən〕*adj*. 酒醉的
soberly *adv*. 清醒地

frank〔fræŋk〕*adj*. 率直的
to be frank with you 坦白地說(= frankly speaking)
frankness *n*. 率直；坦白

childish〔ˈtʃaɪldɪʃ〕*adj*. 幼稚的
childlike〔ˈtʃaɪld,laɪk〕*adj*. 天眞無邪的

friendly〔'frɛndlɪ〕*adj.* 友善的
friend *n.* 朋友　friendship〔'frɛndʃɪp〕*n.* 友誼

sympathetic〔ˌsɪmpə'θɛtɪk〕*adj.* 有同情心的
sympathy〔'sɪmpəθɪ〕*n.* 同情
sympathize〔'sɪmpəˌθaɪz〕*v.* 同情

selfish〔'sɛlfɪʃ〕*adj.* 自私的
selfishness *n.* 利己主義；自私

jealous〔'dʒɛləs〕*adj.* 忌妒的；善妒的
be jealous of 對～忌妒
jealousy〔'dʒɛləsɪ〕*n.* 忌妒

cruel〔'kruəl〕*adj.* 殘忍的
cruelty〔'kruəltɪ〕*n.* 殘忍

nervous〔'nɝvəs〕*adj.* 神經質的；神經的
nerve〔nɝv〕*n.* 神經

quick-tempered〔'kwɪk'tɛmpɚd〕*adj.* 急躁的；易怒的

dumb〔dʌm〕*adj.* 啞的　deaf〔dɛf〕*adj.* 聾的
blind〔blaɪnd〕*adj.* 瞎的

attitude〔'ætəˌtjud〕*n.* 態度

dignity〔'dɪgnətɪ〕*n.* 威嚴；尊嚴
dignify〔'dɪgnəˌfaɪ〕*v.* 使尊榮

●知覺・感覺

perceive [pə'siv] *v.* 察覺
　perception [pə'sɛpʃən] *n.* 知覺

observe [əb'zɝv] *v.* 觀察；遵守
　observation [,ɑbzə'veʃən] *n.* 觀察
　observance [əb'zɝvəns] *n.* 遵守

aware [ə'wɛr] *adj.* 知道的；覺察的
　be aware of [*that*] 察覺

conscious ['kɑnʃəs] *adj.* 有意識的
　be conscious of 意識到
　unconscious [ʌn'kɑnʃəs] *adj.* 無意識的
　consciousness *n.* 意識

※　　　　　　　※

familiar [fə'mɪljɚ] *adj.* 熟悉的；親密的
　be familiar with 精通；熟悉　　*be familiar to* 爲～所熟知
　familiarity [fə,mɪlɪ'ærətɪ] *n.* 精通；親密

accustomed [ə'kʌstəmd] *adj.* 習慣的
　be accustomed to 習慣於～（ ＝be used [*just*] to ）

ignorant ['ɪgnərənt] *adj.* 無知的
　be ignorant of 不知道～
　ignorance ['ɪgnərəns] *n.* 無知

bitter ['bɪtɚ] *adj.* 苦的；難受的　　sweet *adj.* 甜的
　hot *adj.* 辣的　　bitterness *n.* 苦味；酷烈

sweet〔swit〕*adj.* 甜的
　n.〔～s〕糖果（= candy〔'kændɪ〕）
　sweetness *n.* 甜味

sour〔saʊr〕*adj.* 酸的　*v.* 使變酸
　sourness *n.* 酸味

delicious〔dɪ'lɪʃəs〕*adj.* 美味的
　deliciousness *n.* 美味

taste〔test〕*n.* 味覺　*v.* 品嘗；有～味道
　tasty〔'testɪ〕*adj.* 美味的

✿　　　　　　　✿

smell〔smɛl〕*v.* 聞；聞起來　*n.* 嗅覺；氣味

touch〔tʌtʃ〕*v.* 觸摸；感動　*n.* 接觸；手法

hungry〔'hʌŋgrɪ〕*adj.* 飢餓的
　hunger〔'hʌŋgɚ〕*n.* 飢餓
　famine〔'fæmɪn〕*n.* 饑荒　　starve〔starv〕*v.* 餓死

thirsty〔'θɝstɪ〕*adj.* 口渴的
　thirst〔θɝst〕*n.* 口渴

drowsy〔'draʊzɪ〕*adj.* 昏昏欲睡的（= sleepy）
　drowse〔draʊz〕*v.* 打瞌睡　*n.* 瞌睡

vision〔'vɪʒən〕*n.* 視力；洞察力

visible〔'vɪzəbḷ〕*adj.* 可見的
　invisible〔ɪn'vɪzəbḷ〕*adj.* 不可見的

sense〔sɛns〕*n.* 感覺；意義　　*in a sense* 在某一方面
　sensible〔'sɛnsəbḷ〕*adj.* 可感覺的；明智的
　sensitive〔'sɛnsətɪv〕*adj.* 敏感的

keen〔kin〕*adj.* 敏銳的；熱心的
　be keen on 熱衷～

● 精　神

spirit〔'spɪrɪt〕*n.* 精神；靈魂　　body *n.* 肉體
　spiritual〔'spɪrɪtʃʊəl〕*adj.* 精神的；靈魂的

soul〔sol〕*n.* 靈魂　　flesh *n.* 肉體
　mind〔maɪnd〕*n.* 心智；精神

talent〔'tælənt〕*n.* 才能（＝gift〔gɪft〕）
　talented〔'tæləntɪd〕*adj.* 有才能的

genius〔'dʒinjəs〕*n.* 天才；才能
　a man of genius 天才

ability〔ə'bɪlətɪ〕*n.* 能力
　able〔'ebḷ〕*adj.* 有能力的　　*be able to* 能夠～
　enable〔ɪn'ebḷ〕*v.* 使能夠

faculty〔'fækḷtɪ〕*n.* 能力；才能
　a faculty for mathematics 數學才能

capacity〔kə'pæsətɪ〕*n.* 能力；容量
　capable〔'kepəbḷ〕*adj.* 有能力的
　capacious〔kə'peʃəs〕*adj.* 容量大的

insight〔'ɪn,saɪt〕*n.* 洞察力

imagination〔ɪ,mædʒə'neʃən〕*n.* 想像（力）
imagine〔ɪ'mædʒɪn〕*v.* 想像
imaginary〔ɪ'mædʒə,nɛrɪ〕*adj.* 想像上的；不實在的
imaginative〔ɪ'mædʒə,netɪv〕*adj.* 想像力豐富的

intellect〔'ɪntḷ,ɛkt〕*n.* 智力
intellectual〔,ɪntə'lɛktʃʊəl〕*adj.* 知性的　*n.* 知識份子

intelligent〔ɪn'tɛlədʒənt〕*adj.* 有才智的；聰明的
intelligence〔ɪn'tɛlədʒəns〕*n.* 才智

humor〔'hjumɚ〕*n.* 幽默
wit〔wɪt〕*n.* 機智　　humorous *adj.* 幽默的

�֎　　　　　✖

humane〔hju'men〕*adj.* 人道的
human〔'hjumən〕*adj.* 人類的
humanity〔hju'mænətɪ〕*n.* 人性

mental〔'mɛntḷ〕*adj.* 精神的
physical〔'fɪzɪkḷ〕*adj.* 肉體的
mentality〔mɛn'tælətɪ〕*n.* 智力；心理狀態

rational〔'ræʃənḷ〕*adj.* 合理的
rationality〔,ræʃə'nælətɪ〕*n.* 理性

reasonable〔'rizn̩əbḷ〕*adj.* 合理的
reason〔'rizn̩〕*n.* 理由

●情 感

emotion 〔ɪˈmoʃən〕 *n.* 感情（＝strong feelings）
 emotional *adj.* 感情的

passion 〔ˈpæʃən〕 *n.* 激情
 passionate 〔ˈpæʃənɪt〕 *adj.* 熱情的

sentiment 〔ˈsɛntəmənt〕 *n.* 感情；情緒
 sentimental 〔ˌsɛntəˈmɛntḷ〕 *adj.* 感傷的；多愁善感的

mood 〔mud〕 *n.* 心情
 be in a bad 〔*good*〕 *mood* 心情壞〔好〕

temper 〔ˈtɛmpɚ〕 *n.* 脾氣
 lose one's temper 發脾氣

❧   ❧

pleasure 〔ˈplɛʒɚ〕 *n.* 快樂；樂趣
 with pleasure 樂意
 please 〔pliz〕 *v.* 取悅
 pleasant 〔ˈplɛzṇt〕 *adj.* 愉快的

joy 〔dʒɔɪ〕 *n.* 歡喜 *to one's joy* 令某人極爲高興
 joyful *adj.* 歡喜的

delight 〔dɪˈlaɪt〕 *v.* 使喜悅 *n.* 喜悅
 take (a) delight in 樂於～
 delightful *adj.* 悅人的

rejoice 〔rɪˈdʒɔɪs〕 *v.* 高興

ecstasy 〔'ɛkstəsɪ〕 *n.* 狂喜；忘形
　ecstatic 〔ɪk'stætɪk, ɛk-〕 *adj.* 陶醉的

sorrow 〔'saro〕 *n.* 悲傷
　sorrowful *adj.* 悲傷的

grieve 〔griv〕 *v.* 傷心
　grief 〔grif〕 *n.* 悲傷；憂愁

distress 〔dɪ'strɛs〕 *v.* 使痛苦　　*n.* 苦惱
　distressful *adj.* 苦惱的

wonder 〔'wʌndə〕 *v.* 覺得驚奇；想知道～
　wonderful *adj.* 令人驚奇的；美好的

marvel 〔'marvl̩〕 *v.* 驚嘆　　*n.* 奇異之事
　marvelous 〔'marvl̩əs〕 *adj.* 不可思議的；奇妙的

surprise 〔sə'praɪz〕 *v.* 使驚訝　　*n.* 驚訝
　to one's surprise 使某人覺得吃驚
　surprising *adj.* 驚人的

astonish 〔ə'stɑnɪʃ〕 *v.* 使驚奇
　astonishing *adj.* 驚人的
　astonishment *n.* 驚奇

amaze 〔ə'mez〕 *v.* 使驚愕
　amazing *adj.* 驚人的
　amazement *n.* 驚奇

fear〔fɪr〕*v.* 使恐懼   *n.* 恐懼

　fearful *adj.* 可怕的

dread〔drɛd〕*v.* (預知有危險而)害怕   *n.* 畏懼

　dreadful *adj.* 可怕的

fright〔fraɪt〕*n.* (突然的)恐懼

　frighten〔'fraɪtn̩〕*v.* 使驚駭

terror〔'tɛrɚ〕*n.* (強烈的)恐怖

　terrible〔'tɛrəbl̩〕*adj.* 恐怖的

　terrify〔'tɛrə,faɪ〕*v.* 驚嚇

horror〔'hɑrɚ〕*n.* (伴隨厭惡感的)恐怖

　horrible〔'hɑrəbl̩〕*adj.* 可怖的

　horrify〔'hɔrə,faɪ, 'hɑr-〕*v.* 使恐怖

✄　　　　　　✄

annoy〔ə'nɔɪ〕*v.* 使苦惱

　annoyance〔ə'nɔɪəns〕*n.* 煩惱；可厭的事物

bother〔'bɑðɚ〕*v.* 煩擾

　bothersome〔'bɑðɚsəm〕*adj.* 麻煩的

confuse〔kən'fjuz〕*v.* 使混亂；使困惑

　confusion〔kən'fjuʒən〕*n.* 混亂

puzzle〔'pʌzl̩〕*v.* 使困惑   *n.* 難題

　puzzling *adj.* 令人困惑的

upset〔ʌp'sɛt〕*v.* 擾亂；煩惱   *n.* 傾覆

embarrass 〔ɪmˈbærəs〕 *v.* 使困窘
embarrassing *adj.* 令人困窘的
embarrassment *n.* 困窘

disappoint 〔ˌdɪsəˈpɔɪnt〕 *v.* 使失望
disappointing *adj.* 令人失望的
disappointment *n.* 失望

discourage 〔dɪsˈkɜ˞ɪdʒ〕 *v.* 使氣餒
encourage 〔ɪnˈkɜ˞ɪdʒ〕 *v.* 鼓勵

✗   ✗

satisfy 〔ˈsætɪsˌfaɪ〕 *v.* 使滿足
satisfactory 〔ˌsætɪsˈfæktərɪ〕 *adj.* 令人滿意的
satisfaction 〔ˌsætɪsˈfækʃən〕 *n.* 滿足

content 〔kənˈtɛnt〕 *v.* 使滿足 *adj.* 滿足的 *n.* 滿足
be content with 對～感到滿足
to one's heart's content 心滿意足地；盡情地

amuse 〔əˈmjuz〕 *v.* 娛樂；使快樂
amusement *n.* 娛樂
amusing *adj.* 好玩的；有趣的

entertain 〔ˌɛntəˈten〕 *v.* 娛樂；招待
entertainment *n.* 娛樂

relieve 〔rɪˈliv〕 *v.* 緩和（痛苦、情緒）
relief 〔rɪˈlif〕 *n.* 安心

comfort〔'kʌmfɚt〕*v.* 安慰　*n.* 安慰；舒適
　　comfortable *adj.* 舒適的

ease〔iz〕*v.* 緩和；減輕（痛苦）　*n.* 安心；容易
　　with ease 容易地（＝easily）　easy *adj.* 容易的

relax〔rɪ'læks〕*v.* 放鬆
　　relaxation〔,rilæks'eʃən〕*n.* 緩和；輕鬆

secure〔sɪ'kjʊr〕*v.* 使安全；保護　*adj.* 安全的
　　security〔sɪ'kjʊrətɪ〕*n.* 安全；安心

bore〔bɔr〕*v.* 使厭煩
　　boring *adj.* 令人厭煩的

tedious〔'tidɪəs〕*adj.* 令人生厭的
　　tediousness *n.* 沈悶

※　　　　　　　※

tire〔taɪr〕*v.* 使疲勞；使厭倦
　　tired *adj.* 疲乏的；厭倦的　*be tired with〔from〕* 因～而疲倦
　　be tired of 厭倦～

excite〔ɪk'saɪt〕*v.* 使興奮　*be excited* 興奮
　　exciting *adj.* 令人興奮的　excitement *n.* 興奮

shock〔ʃɑk〕*n.* 衝擊　*v.* 使震驚
　　be shocked 感到震驚

impulse〔'ɪmpʌls〕*n.* 衝動
　　impulsive〔ɪm'pʌlsɪv〕*adj.* 衝動的

instinct〔'ɪnstɪŋkt〕 *n.* 本能
　by instinct 本能地
　instinctive〔ɪn'stɪŋktɪv〕 *adj.* 本能的

ashamed〔ə'ʃemd〕 *adj.* 羞恥的
　be ashamed of 以～為恥

shame〔ʃem〕 *v.* 使羞愧　*n.* 羞恥
　shameful *adj.* 可恥的

melancholy〔'mɛlən,kɑlɪ〕 *adj.* 憂鬱的　*n.* 憂鬱

desperate〔'dɛspərɪt〕 *adj.* 絕望的
　desperation〔,dɛspə'reʃən〕 *n.* 不顧一切

lonely〔'lonlɪ〕 *adj.* 孤獨的
　loneliness *n.* 孤獨

solitary〔'sɑlə,tɛrɪ〕 *adj.* 孤獨的
　solitude〔'sɑlə,tjud〕 *n.* 孤獨

delicate〔'dɛləkət,-kɪt〕 *adj.* 敏感的；纖弱的

pathetic〔pə'θɛtɪk〕 *adj.* 感傷的
　pathos〔'peθɑs〕 *n.* 悲哀

dreary〔'drɪrɪ〕 *adj.* 憂鬱的；陰沈的

pity〔'pɪtɪ〕 *n.* 憐憫；憾事
　pitiful *adj.* 可憐的

mercy 〔'mɝsɪ〕 *n.* 慈悲；憐憫
 at the mercy of 任～擺佈　　merciful *adj.* 慈悲的

regret 〔rɪ'grɛt〕 *v.* 後悔　　*n.* 後悔
 regretful *adj.* 後悔的

envy 〔'ɛnvɪ〕 *v.* 嫉妒；羨慕　　*n.* 嫉妒；羨慕
 envious 〔'ɛnvɪəs〕 *adj.* 嫉妒的；羨慕的

worry 〔'wɝɪ〕 *v.* 使煩惱　　*n.* 煩惱
 worry about 憂慮～

✂　　　　　　　　　✂

anxious 〔'æŋkʃəs〕 *adj.* 憂慮的(about)；渴望的(for)
 anxiety 〔æŋ'zaɪətɪ〕 *n.* 擔心；渴望

care 〔kɛr〕 *v.* 關心（about）；愛好（for）
　　n. 照顧　　*take care of* 照顧～

hesitate 〔'hɛzə,tet〕 *v.* 猶豫
 hesitation *n.* 猶豫
 hesitant 〔'hɛzətənt〕 *adj.* 猶豫的

hate 〔het〕 *v.* 憎恨（＝dislike）
 hatred 〔'hetrɪd〕 *n.* 憎恨
 hateful *adj.* 可恨的

●基本動作

nod 〔nɑd〕 *v.* 點頭
nodding acquaintance 點頭之交

shake 〔ʃek〕 *v.* 搖動；顫抖
shake hands (*with*) (與～)握手
shake one's head 搖頭

scratch 〔skrætʃ〕 *v., n.* 抓；搔

wink 〔wɪŋk〕 *v., n.* (一眼或兩眼)眨眼
in a wink 轉瞬間；突然

blink 〔blɪŋk〕 *v.* (無意識地)眨眼；忽視　*n.* 瞬間

stare 〔stɛr〕 *v.* 注視；凝視(at)

⁂　⁂

bite 〔baɪt〕 *v.* 咬；刺激
biting *adj.* 刺人的　*a biting wind* 刺骨寒風

lick 〔lɪk〕 *v.* 舔　*lick one's lips* 舔嘴唇

suck 〔sʌk〕 *v.* 吸吮

chew 〔tʃu〕 *v.* 咀嚼　*chewing gum* 口香糖

spit 〔spɪt〕 *v.* 吐口水

sigh 〔saɪ〕 *v., n.* 嘆氣　*give a sigh* 嘆氣

whistle 〔'hwɪsl̩〕 *v.* 吹口哨　*n.* 口哨；汽笛聲

smile〔smaɪl〕*v.*, *n.* 微笑

　　be all smiles 滿面笑容

laugh〔læf, lɑf〕*v.*（出聲地）笑；嘲笑（at）

　　laughter〔'læftɚ, 'lɑf-〕*n.* 笑；笑聲

roar〔ror, rɔr〕*v.*, *n.* 大笑；吼叫

giggle〔'gɪgl̩〕*v.*, *n.* 格格笑

grin〔grɪn〕*v.* 露齒而笑　　*grin and bear it* 逆來順受

shout〔ʃaut〕*v.*, *n.* 叫喊

❀　　　　　　❀

wave〔wev〕*v.* 揮動（手等）　　*n.* 波浪

stroke〔strok〕*v.* 撫摸　　*n.* 擊打；中風

grasp〔græsp〕*v.* 抓緊；明瞭

seize〔siz〕*v.* 突然抓住；明白；（疾病等）侵襲

　　seizure〔'siʒɚ〕*n.* 奪取；（疾病）突然發作

hiccup〔'hɪkʌp, -kəp〕*n.*, *v.* 打嗝

yawn〔jɔn〕*v.*, *n.* 打呵欠

　　yawning *adj.* 打呵欠的；張開的

　　a yawning gulf 灣口很大的海灣

sneeze〔sniz〕*v.* 打噴嚏；藐視（at）

snore〔snor〕*v.* 打鼾　　*n.* 鼾聲

cough〔kɔf〕*v.*, *n.* 咳嗽　　*cough drop* 止咳藥

stoop 〔stup〕 *v.,n.* 彎腰
stooped〔stupt〕 *adj.* 駝背的

trip 〔trɪp〕 *v.* 絆倒 *n.* 旅行

lie 〔laɪ〕 *v.* 躺臥；說謊 *n.* 說謊
a white lie 善意的謊言

lean 〔lin〕 *v.* 倚靠；傾斜 *adj.* 貧瘠的
the Leaning Tower of Pisa 比薩斜塔

crawl 〔krɔl〕 *v.* 爬 *n.*（游泳）自由式

leap 〔lip〕 *v.* 跳；躍
Look before you leap. 三思而後行。

squat 〔skwɑt, skwɔt〕 *v.* 蹲

kneel 〔nil〕 *v.* 跪 knee〔ni〕 *n.* 膝蓋

strike 〔straɪk〕 *v.* 打擊 *n.* 打擊；罷工
on strike 罷工中 striking *adj.* 顯著的
a striking contrast 鮮明的對照

beat 〔bit〕 *v.*（連續地）打；（心臟）跳動
Beat it! 走開！

knock 〔nɑk〕 *v.* 打；敲

hit 〔hɪt〕 *v.* 擊打；打中

touch 〔tʌtʃ〕 *v.* 觸摸 *n.* 觸覺 touching *adj.* 動人的

set 〔 sɛt 〕 *v.* 放置;安放
　　get set 預備(賽跑時的口令)

remove 〔 rɪ'muv 〕 *v.* 移動
　　removal 〔 rɪ'muvḷ 〕 *n.* 撤除;遷移

tear 〔 tɛr 〕 *v.* 撕
　　tear 〔 tɪr 〕 *n.* 眼淚　　*in tears* 哭泣

embrace 〔 ɪm'bres 〕 *v.*, *n.* 擁抱(= hug〔hʌg〕*v.*, *n.*)

press 〔 prɛs 〕 *v.* 壓
　　pressing *adj.* 迫在眉睫的　　*a pressing need* 迫切的需要
　　pressure 〔'prɛʃə 〕 *n.* 壓力

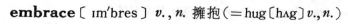

bend 〔 bɛnd 〕 *v.* 彎曲
　　bent 〔 bɛnt 〕 *adj.* 彎曲的

carry 〔'kærɪ 〕 *v.* 搬運
　　carrier 〔'kærɪə 〕 *n.* 搬運夫;搬運工具

throw 〔 θro 〕 *v.* 投擲

break 〔 brek 〕 *v.* 打破　　*n.* 破;中斷
　　take a break 休息一下　　*tea break* 下午茶時間

cut 〔 kʌt 〕 *v.* 切割
　　cutting *adj.* 銳利的　　*a cutting blade* 銳利的刀鋒

pull 〔 pʊl 〕 *v.* 拉;拖
　　push 〔 pʊʃ 〕 *v.* 推;衝

draw〔drɔ〕*v.* 拖曳；吸引
　drawer〔drɔr〕*n.* 抽屜

catch〔kætʃ〕*v.* 捕捉；感染（疾病）
　catch a cold 感冒

rush〔rʌʃ〕*v., n.* 衝進

descend〔dɪˈsɛnd〕*v.* 下降；傳承
　descendant〔dɪˈsɛndənt〕*n.* 後裔
　descent〔dɪˈsɛnt〕*n.* 降落

ascend〔əˈsɛnd〕*v.* 上升
　ascent〔əˈsɛnt〕*n.* 上升

CH&CK
T E S T · 1

1 配合題

I. 1. 吸引人的 （　　） 2. 勤勉的 （　　）

   3. 使困窘 （　　） 4. 苗條的 （　　）

   5. 脾氣 （　　） 6. 慷慨的 （　　）

   7. 幽默 （　　） 8. 有意識的 （　　）

   9. 苦惱 （　　） 10. 性格 （　　）

  11. 好奇的 （　　） 12. 美味的 （　　）

  13. 野蠻的 （　　） 14. 天才 （　　）

  15. 想像力 （　　） 16. 認真的 （　　）

....

A. terror	B. imagination	C. generous
D. earnest	E. curious	F. character
G. conscience	H. slender	I. embarrass
J. distress	K. genius	L. conscious
M. delicious	N. attractive	O. savage
P. diligent	Q. relieve	R. temper
S. humor	T. secure	U. discourage

II. 1. tedious   (   )   2. sentiment   (   )

3. instinct   (   )   4. relax   (   )

5. satisfaction (   )   6. surprise   (   )

7. exciting   (   )   8. melancholy (   )

9. comfortable   (   )   10. intellect   (   )

11. puzzle   (   )   12. hesitate   (   )

13. observe   (   )   14. drowsy   (   )

....

a. 舒適的	b. 驚訝	c. 令人興奮的	d. 智力
e. 猶豫	f. 視力	g. 知覺	h. 恐懼
i. 昏睡的	j. 令人生厭的	k. 放鬆	l. 大膽的
m. 本能	n. 高雅的	o. 觀察	p. 勇敢的
q. 滿足	r. 感情	s. 憂鬱	t. 使困惑

2 中翻英：

1. 側面 _____   2. 熱情的 _____

3. 呼吸（*n.*）_____   4. 理性（*n.*）_____

5. 品嘗（*v.*）_____   6. 前額 _____

7. 羞恥的 _____   8. 後悔（*v.*）_____

9. 肌肉 _____   10. 態度 _____

11. 嫉妒 (*n.*) _____

12. 同情 (*v.*) _____

13. 人性 (*n.*) _____

14. 自私的 _____

15. 幼稚的 _____

16. 使失望 (*v.*) _____

17. 率直的 _____

18. 容量 (*n.*) _____

19. 殘忍的 _____

20. 絕望的 _____

③ **英翻中：**

1. thumb _____

2. strict _____

3. talent _____

4. shy _____

5. visible _____

6. sorrow _____

7. cunning _____

8. sweat _____

9. noble _____

10. accustomed _____

11. astonish _____

12. ugly _____

13. waist _____

14. mental _____

15. terrible _____

16. stubborn _____

17. honest _____

18. worry _____

19. lonely _____

20. entertain _____

④ 翻譯塡空：

| scratch | optimistic | keen | lazy |
| descend | naked | earnest | familiar |

....

1. 看到他下半身全裸，讓我們驚嚇不已。

   We were shocked to see him_____from
   the waist down.

2. 樂觀的人總是看到事情的光明面。

   An_____person always looks at the
   bright side of things.

3. 導遊應該熟悉城裏的每個地方。

   A tour guide should be_____with
   all the places in the city.

4. 這個小男孩渴望得到報酬。

   The young boy was_____to get his reward.

5. 你可不可以幫我抓抓背？

   Can you_____my back for me?

6. 飛機正準備降落。

   The plane is starting to_____.

The Human Mind

UNIT 2 人的意志

●心智活動

remember 〔rɪ'mɛmbɚ〕 *v.* 記得；想起
　forget 〔fɚ'gɛt〕 *v.* 忘記

recall 〔rɪ'kɔl〕 *v.* 想起　*n.* 想起

recollect 〔,rɛkə'lɛkt〕 *v.* 記起；憶起
　recollection 〔,rɛkə'lɛkʃən〕 *n.* 想起；回憶

remind 〔rɪ'maɪnd〕 *v.* 使憶起；提醒
　remind A of B 使A想起B
　reminder 〔rɪ'maɪndɚ〕 *n.* 提醒者；提醒物

admire 〔əd'maɪr〕 *v.* 欽佩；嘆賞
　admirable 〔'ædmərəbḷ〕 *adj.* 令人讚賞的
　admiration 〔,ædmə'reʃən〕 *n.* 欽佩；讚賞

※　　※

respect 〔rɪ'spɛkt〕 *v.* 尊敬（＝look up to）　*n.* 尊敬
　in respect to〔*of*〕 關於～（＝with respect to）
　respectable 〔rɪ'spɛktəbḷ〕 *adj.* 應受尊敬的
　respectful 〔rɪ'spɛktfəl〕 *adj.* 表示尊敬的

despise 〔dɪ'spaɪz〕 *v.* 輕視（＝look down upon）

praise [prez] *v.* 讚美 *n.* 讚美

scold [skold] *v.* 責罵

praiseworthy ['prez,wɝðɪ] *adj.* 值得讚美的

ignore [ɪg'nɔr] *v.* 忽視；不理睬

ignorant ['ɪgnərənt] *adj.* 無知的

learned ['lɝnɪd] *adj.* 有學問的

ignorance ['ɪgnərəns] *n.* 無知

neglect [nɪ'glɛkt] *v.* 疏忽

negligent ['nɛglədʒənt] *adj.* 疏忽的

negligence ['nɛglədʒəns] *n.* 疏忽

abandon [ə'bændən] *v.* 放棄

abandon oneself to … 耽溺於～

desert [dɪ'zɝt] *v.* 遺棄 desert ['dɛzət] *n.* 沙漠

dessert [dɪ'zɝt] *n.* 餐後甜點

spontaneous [spɑn'tenɪəs] *adj.* 自發的

voluntary ['vɑlən,tɛrɪ] *adj.* 自願的

compulsory [kəm'pʌlsərɪ] *adj.* 強制的

volunteer [,vɑlən'tɪr] *n.* 志願者 *v.* 自願

eager ['igɚ] *adj.* 渴望的 eagerness *n.* 渴望

willing ['wɪlɪŋ] *adj.* 願意的 willingness *n.* 願意

incline [ɪn'klaɪn] *v.* 愛好；傾向

be inclined to 有意～

inclination [,ɪnklə'neʃən] *n.* 喜好；性向

apt〔æpt〕*adj.* 有～傾向的　　*be apt to* 易於～

likely〔'laɪklɪ〕*adj.* 有可能的

　　likelihood〔'laɪklɪ,hʊd〕*n.* 可能性

※　　　　　　　　　　※

positive〔'pɑzətɪv〕*adj.* 肯定的；積極的

　　negative〔'nɛgətɪv〕*adj.* 否定的　　positively *adv.* 積極地

indifferent〔ɪn'dɪfərənt〕*adj.* 漠不關心的

　　be indifferent to 對～漠不關心

　　indifference〔ɪn'dɪfərəns〕*n.* 漠不關心

hostile〔'hɑstɪl〕*adj.* 懷敵意的

　　hostility〔hɑs'tɪlətɪ〕*n.* 敵意

favorite〔'fevərɪt〕*adj.* 最喜愛的
　　n. 最喜愛的人或物

pride〔praɪd〕*n.*, *v.* 自負；驕傲

　　pride oneself on〔*upon*〕以～為傲

　　proud〔praʊd〕*adj.* 驕傲的　　*be proud of* 以～為榮

vain〔ven〕*adj.* 虛榮的；徒然的

　　in vain 徒然地　　vanity〔'vænətɪ〕*n.* 虛榮心

ambitious〔æm'bɪʃəs〕*adj.* 有野心的

　　ambition〔æm'bɪʃən〕*n.* 野心

interest〔'ɪntərɪst〕*n.* 興趣　*v.* 使感興趣

　　be interested in 對～感興趣

　　interesting *adj.* 有趣的

●認知・判斷

recognize 〔ˈrɛkəgˌnaɪz 〕 v. 認識；承認
　recognition 〔 ˌrɛkəgˈnɪʃən 〕 n. 認識

acknowledge 〔əkˈnɑlɪdʒ〕 v. 承認 (＝admit〔ədˈmɪt〕)
　acknowledgment n. 承認

realize 〔ˈriəˌlaɪz 〕 v. 了解；實現
　realization 〔ˌriələˈzeʃən, -aɪˈzeʃən 〕 n. 了解；實現

comprehend 〔ˌkɑmprɪˈhɛnd〕 v. 理解 (＝understand)
　comprehension 〔ˌkɑmprɪˈhɛnʃən 〕 n. 理解力
　comprehensive 〔ˌkɑmprɪˈhɛnsɪv 〕 adj. 能理解的

appreciate 〔 əˈpriʃɪˌet 〕 v. 感激；鑑賞
　appreciation 〔 əˌpriʃɪˈeʃən 〕 n. 評價；鑑賞

✂　　　　　✂

define 〔 dɪˈfaɪn 〕 v. 下定義
　definition 〔ˌdɛfəˈnɪʃən 〕 n. 定義

consider 〔 kənˈsɪdə 〕 v. 考慮；認爲
　consider A (to be) B 認爲A是B
　consideration 〔 kənˌsɪdəˈreʃən 〕 n. 考慮
　considerate 〔 kənˈsɪdərɪt 〕 adj. 體貼的
　considerable 〔 kənˈsɪdərəbl 〕 adj. 相當的

regard 〔 rɪˈgɑrd 〕 v. 認爲　　n. 考慮；關係
　regard A as B 將A視爲B　　*with〔in〕regard to* 關於～
　regardless 〔 rɪˈgɑrdlɪs 〕 adj. 不顧

assure 〔 ə'ʃʊr 〕 *v.* 保證

    assurance 〔 ə'ʃʊrəns 〕 *n.* 保證

ascertain 〔 ,æsə'ten 〕 *v.* 確定

confirm 〔 kən'fɝm 〕 *v.* 確定；加強

    confirmed 〔 kən'fɝmd 〕 *adj.* 確認的

    confirmation 〔 ,kɑnfə'meʃən 〕 *n.* 確認

agree 〔 ə'gri 〕 *v.* 同意（with＋人；to＋事）

    disagree 〔 ,dɪsə'gri 〕 *v.* 不同意（ with ）

    agreement *n.* 同意；契約

    agreeable 〔 ə'griəbḷ 〕 *adj.* 令人愉快的；合適的

            ✖   ✖

consent 〔 kən'sɛnt 〕 *v.* 同意（ to ）   *n.* 同意

approve 〔 ə'pruv 〕 *v.* 同意（ of ）

    disapprove 〔 ,dɪsə'pruv 〕 *v.* 反對

    approval 〔 ə'pruvḷ 〕 *n.* 贊成

doubt 〔 daʊt 〕 *v.* 懷疑

    doubtful *adj.* 可疑的   doubtless *adv.* 無疑地

suspect 〔 sə'spɛkt 〕 *v.* 懷疑

    suspicion 〔 sə'spɪʃən 〕 *n.* 懷疑

    suspicious 〔 sə'spɪʃəs 〕 *adj.* 可疑的

avoid 〔 ə'vɔɪd 〕 *v.* 避免

    avoidance 〔 ə'vɔɪdns 〕 *n.* 避免

    avoidable 〔 ə'vɔɪdəbḷ 〕 *adj.* 可避免的

conclude 〔kən'klud〕 *v.* 下結論

   conclusion 〔kən'kluʒən〕 *n.* 結論

affirm 〔ə'fɝm〕 *v.* 斷言

   affirmative 〔ə'fɝmətɪv〕 *adj.* 肯定的

   negative 〔'nɛgətɪv〕 *adj.* 否定的

declare 〔dɪ'klɛr〕 *v.* 宣言

   declaration 〔,dɛklə'reʃən〕 *n.* 宣言

mistake 〔mə'stek〕 *v.* 弄錯　*n.* 錯誤

   mistake A for B 誤認 A 爲 B　　*by mistake* 錯誤地

prejudice 〔'prɛdʒədɪs〕 *n.* 偏見　*v.* 存有偏見

   racial prejudice 種族偏見

●意圖・計畫

intend 〔ɪn'tɛnd〕 *v.* 打算

   intention 〔ɪn'tɛnʃən〕 *n.* 意圖

aim 〔em〕 *v.* 瞄準（at）　*n.* 目標

purpose 〔'pɝpəs〕 *n.* 目的　*v.* 企圖

   on purpose 故意地

expect 〔ɪk'spɛkt〕 *v.* 期待

   expectation 〔,ɛkspɛk'teʃən〕 *n.* 期待

prospect 〔'prɑspɛkt〕 *n.* 期望

   prospective 〔prə'spɛktɪv〕 *adj.* 未來的；預期的

decide〔dɪˈsaɪd〕*v.* 決定

decision〔dɪˈsɪʒən〕*n.* 決心；決定

determine〔dɪˈtɜmɪn〕*v.* 決定

determined *adj.* 有決心的　determination *n.* 決心；決定

resolve〔rɪˈzɑlv〕*v.* 決定

resolution〔ˌrɛzəˈluʃən〕*n.* 決心；決定

resolute〔ˈrɛzəˌlut〕*adj.* 堅決的

sake〔sek〕*n.* 目的　*for the sake of* 爲了～

project〔prəˈdʒɛkt〕*v.* 計劃（＝plan）

〔ˈprɑdʒɛkt〕*n.* 計劃

schedule〔ˈskɛdʒʊl〕*n.* 時間表　*v.* 排定

program〔ˈprogræm〕*n.* 計畫；節目　*v.* 計畫

● 達成・障碍

perform〔pəˈfɔrm〕*v.* 執行；演奏

performance〔pəˈfɔrməns〕*n.* 執行；演奏

execute〔ˈɛksɪˌkjut〕*v.* 實行（計畫、命令）

（＝carry out）

execution〔ˌɛksɪˈkjuʃən〕*n.* 實行

executive〔ɪgˈzɛkjʊtɪv〕*adj.* 實行的　*n.* 幹部

achieve〔əˈtʃiv〕*v.* （克服困難後而）完成

achievement *n.* 達成

accomplish 〔 əˈkɑmplɪʃ 〕 *v.* 完成
  accomplishment *n.* 成就；業績
  accomplished 〔 əˈkɑmplɪʃt 〕 *adj.* 熟練的

fulfil(l) 〔 fʊlˈfɪl 〕 *v.* 實踐 (= perform)
  fulfil(l)ment *n.* 實行

attain 〔 əˈten 〕 *v.* 達成   attainment *n.* 達成

gain 〔 gen 〕 *v.* 獲得   *n.* 利益
  lose 〔 luz 〕 *v.* 失去   loss 〔 lɔs 〕 *n.* 損失

obtain 〔 əbˈten 〕 *v.* 獲得

✿   ✿

acquire 〔 əˈkwaɪr 〕 *v.* 習得
  acquisition 〔 ˌækwəˈzɪʃən 〕 *n.* 習得

solve 〔 sɑlv 〕 *v.* 解決
  solve the problem 解決問題
  solution 〔 səˈluʃən 〕 *n.* 解決；解答

establish 〔 əˈstæblɪʃ 〕 *v.* 設立
  established 〔 əˈstæblɪʃt 〕 *adj.* 確立的
  establishment *n.* 設立

found 〔 faʊnd 〕 *v.* 創立
  foundation 〔 faʊnˈdeʃən 〕 *n.* 創立；基礎

effect 〔 əˈfɛkt, ɪ- 〕 *n.* 效果；結果 (= result)
  cause and effect 原因和結果
  effective 〔 əˈfɛktɪv, ɪ- 〕 *adj.* 有效的

consequence 〔'kɑnsə,kwɛns〕 *n.* 結果
　　consequently 〔'kɑnsə,kwɛntlɪ〕 *adv.* 結果；所以

succeed 〔sək'sid〕 *v.* 成功（in）；繼承（to）
　　success 〔sək'sɛs〕 *n.* 成功
　　succession 〔sək'sɛʃən〕 *n.* 繼承
　　successful 〔sək'sɛsfəl〕 *adj.* 成功的
　　successive 〔sək'sɛsɪv〕 *adj.* 連續的

obstacle 〔'ɑbstəkḷ〕 *n.* 障礙

obstruct 〔əb'strʌkt〕 *v.* 阻隔；妨礙
　　obstruction 〔əb'strʌkʃən〕 *n.* 障礙
　　obstructive 〔əb'strʌktɪv〕 *adj.* 妨礙的

barrier 〔'bærɪɚ〕 *n.* 障礙
　　the language barrier 語言障礙

block 〔blɑk〕 *v.* 閉鎖；妨害　　*n.* 障礙物；街區

❧　　　　　　　❧

prevent 〔prɪ'vɛnt〕 *v.* 阻礙；預防（from）
　　prevention 〔prɪ'vɛnʃən〕 *n.* 防止

trouble 〔'trʌbḷ〕 *v.* 困擾　　*n.* 麻煩
　　troublesome 〔'trʌbḷsəm〕 *adj.* 麻煩的

spoil 〔spɔɪl〕 *v.* 損壞

postpone 〔post'pon〕 *v.* 延期（＝put off）

delay 〔dɪ'le〕 *v.* 延緩　　*n.* 延期

failure [ˈfeljɚ] *n.* 失敗
　fail [fel] *v.* 失敗　　*never fail to* 一定~

●要求・拒絶

demand [dɪˈmænd] *v.* 要求　　*n.* 需要
　supply [səˈplaɪ] *v.,n.* 供給

claim [klem] *v.,n.* 要求

require [rɪˈkwaɪr] *v.* 要求
　requirement *n.* 要求 (物); 必要條件
　requisite [ˈrɛkwəzɪt] *adj.* 必要的

request [rɪˈkwɛst] *v.,n.* 請求
　by request 依照請求

refuse [rɪˈfjuz] *v.* (斷然) 拒絶
　refusal [rɪˈfjuzl̩] *n.* 拒絶
　refuse [ˈrɛfjus] *n.* 廢物; 垃圾

decline [dɪˈklaɪn] *v.* (委婉) 拒絶; 傾斜
　declination [ˌdɛkləˈneʃən] *n.* 辭謝; 傾斜

reject [rɪˈdʒɛkt] *v.* (含敵意地) 拒絶
　rejection [rɪˈdʒɛkʃən] *n.* 拒絶

deny [dɪˈnaɪ] *v.* 否定; 拒絶 (要求等)
　denial [dɪˈnaɪəl] *n.* 否定; 拒絶

●努力・忍耐

continue 〔 kən'tɪnjʊ 〕 *v.* 繼續
    continuation 〔 kən,tɪnjʊ'eʃən 〕 *n.* 連續
    continuity 〔 ,kɑntə'nuətɪ , -'nju- 〕 *n.* 連續性
    continual 〔 kən'tɪnjʊəl 〕 *adj.* 連續的
    continuous 〔 kən'tɪnjʊəs 〕 *adj.* 不斷的

bear 〔 bɛr 〕 *v.* 忍受（＝put up with）；支持；生產

endure 〔 ɪn'djʊr 〕 *v.* 忍耐
    endurance 〔 ɪn'djʊrəns 〕 *n.* 耐久性
    enduring *adj.* 耐久的

suffer 〔 'sʌfə 〕 *v.* 受苦（ from ）
    suffering *n.* 痛苦

        ✿   ✿

quit 〔 kwɪt 〕 *v.* 停止；辭職（ ＝ leave ）

cease 〔 sis 〕 *v.* 停止
    ceaseless 〔 'sislɪs 〕 *adj.* 永不停止的

pause 〔 pɔz 〕 *v.,n.* 中止；暫停
    pose 〔 poz 〕 *n.* 姿勢

resume 〔 rɪ'zum 〕 *v.* 再開始
    resumption 〔 rɪ'zʌmpʃən 〕 *n.* 重新開始

repeat 〔 rɪ'pit 〕 *v.* 重覆
    repetition 〔 ,rɛpɪ'tɪʃən 〕 *n.* 重覆

attempt 〔 ə'tɛmpt 〕 v. 嘗試（＝try）　 n. 嘗試

endeavor 〔 ɪn'dɛvɚ〕 v. 努力（＝make an effort）
　n. 努力

struggle 〔 'strʌgl̩ 〕 v., n. 掙扎；努力

devote 〔 dɪ'vot 〕 v. 奉獻
　be devoted to … 致力於～
　devotion 〔 dɪ'voʃən 〕 n. 奉獻

engage 〔 ɪn'gedʒ 〕 v. 保證（＝promise）；雇用
　（＝hire）；從事
　be engaged in 從事～　　engagement n. 保證；婚約

resist 〔 rɪ'zɪst 〕 v. 抵抗
　resistance 〔 rɪ'zɪstəns 〕 n. 抵抗

undergo 〔 ˌʌndɚ'go 〕 v. 經歷

concentrate 〔 'kɑnsn̩ˌtret 〕 v. 集中
　concentration 〔 ˌkɑnsn̩'treʃən 〕 n. 集中

●預測・期待

assume 〔 ə'sjum〕 v. 假定；假裝（＝pretend
　〔 prɪ'tɛnd 〕 v. 假裝）
　assumption 〔 ə'sʌmpʃən 〕 n. 假定

suppose 〔 sə'poz 〕 v. 假定（＝assume）；
　認爲（＝think）　 supposed 〔 sə'pozd 〕 *adj*. 推測的

guess〔gɛs〕*v., n.* 推測

foresee〔fɔr'si〕*v.* 預測
  foresight〔'fɔr,saɪt〕*n.* 先見之明

predict〔prɪ'dɪkt〕*v.* 預測
  prediction〔prɪ'dɪkʃən〕*n.* 預測

anticipate〔æn'tɪsə,pet〕*v.* 預期;希望
  (= look forward to)
  anticipation〔æn,tɪsə'peʃən〕*n.* 預期

● 調查・追尋

examine〔ɪg'zæmɪn〕*v.* 檢查;測驗
  examination〔ɪg,zæmə'neʃən〕*n.* 測驗

research〔'risɝtʃ, rɪ'sɝtʃ〕*v.* 研究　*n.* 調查
  market research 市場調查

investigate〔ɪn'vɛstə,get〕*v.* 調查
  investigation〔ɪn,vɛstə'geʃən〕*n.* 調查

survey〔sə'veɪ〕*v.* 勘察;眺望;測量
  〔'sɝve, sə've〕*n.* 調查;概觀

search〔sɝtʃ〕*v.* 搜尋　*n.* 搜索
  in search of 尋找～

pursue〔pə'su, pə'sɪu〕*v.* 追逐
  pursuit〔pə'sut, pə'sjut〕*n.* 追逐

explore 〔 ɪk'splɔr 〕 *v.* 探險

  exploration 〔 ,ɛksplə'reʃən 〕 *n.* 探險

adventure 〔 əd'vɛntʃɚ 〕 *n.* 冒險

  adventurous 〔 əd'vɛntʃərəs 〕 *adj.* 愛冒險的

CHECK
T E S T · 2

1 配合題

I. 1. 拒絕　　（　　）　　2. 結果　　　　（　　）

3. 掙扎　　（　　）　　4. 預測　　　　（　　）

5. 有野心的（　　）　　6. 決定　　　　（　　）

7. 尊敬　　（　　）　　8. 忍耐　　　　（　　）

9. 理解　　（　　）　　10. 設立　　　　（　　）

11. 認為　　（　　）　　12. 集中　　　　（　　）

13. 疏忽　　（　　）　　14. 漠不關心的（　　）

15. 宣告　　（　　）　　16. 猜想　　　　（　　）

....

A. regard	B. concentrate	C. respect
D. guess	E. assume	F. declaration
G. refuse	H. predict	I. neglect
J. struggle	K. establish	L. indifferent
M. continue	N. determination	O. comprehend
P. claim	Q. endure	R. ambitious
S. suffer	T. consequence	U. solve

Ⅱ. 1. effect ( )   2. avoid ( )

3. inclination ( )   4. praise ( )

5. pride ( )   6. request ( )

7. foresight ( )   8. undergo ( )

9. confirm ( )   10. acknowlege ( )

11. conclude ( )   12. purpose ( )

13. despise ( )   14. anticipate ( )

....

a. 要求   b. 承認   c. 讚美   d. 目的

e. 解決   f. 驕傲   g. 避免   h. 偏見

i. 欽佩   j. 抵抗   k. 確定   l. 經歷

m. 假裝   n. 輕視   o. 傾向   p. 結果

q. 下結論   r. 方法   s. 先見之明   t. 希望

2 中翻英：

1. 自發的 _____   2. 定義 (*n.*) _____

3. 演奏 (*n.*) _____   4. 受苦 (*v.*) _____

5. 自願的 _____   6. 時間表 (*n.*) _____

7. 悲慘的 _____   8. 感激 (*v.*) _____

9. 有決心的 _____   10. 懷有敵意的 _____

11. 重覆 (*v.*) _____ 12. 最喜歡的 _____

13. 興趣 (*n.*) _____ 14. 偏見 (*n.*) _____

15. 成功 (*v.*) _____ 16. 奉獻 (*v.*) _____

17. 錯誤 (*n.*) _____ 18. 失敗 (*n.*) _____

19. 暫停 (*v.*) _____ 20. 徒然的 _____

3 英翻中：

1. recollect _____ 2. foundation _____

3. attempt _____ 4. fulfilment _____

5. project _____ 6. abandon _____

7. intention _____ 8. research _____

9. approve _____ 10. postpone _____

11. executive _____ 12. suspicious _____

13. examination _____ 14. endeavor _____

15. ascertain _____ 16. expectation _____

17. adventure _____ 18. prevention _____

19. demand _____ 20. assumption _____

4 翻譯填空：

    agreed   sake   admired   assured
    suppose   obtained denied   searched

....

1. 很多人崇拜麥克阿瑟將軍 。

   Many people_____General McArthur.

2. 雙方同意和解了 。

   The two sides_____to make peace.

3. 爲了你自己著想，接受他的建議吧 。

   Take his offer, for your own_____.

4. 他拿到台灣大學的學位 。

   He_____his degree from Taiwan University.

5. 他否認曾經說過那樣的話 。

   He_____he ever said that.

6. 瑪麗向我們保證說一切都在掌握之中 。

   Mary_____us that everything was under control.

Human Life
UNIT 3 人生

●家

house 〔 haʊs 〕 *n.* 房屋

dwelling 〔 'dwɛlɪŋ 〕 *n.* 住宅
  dwell 〔 dwɛl 〕 *v.* 住（= live ）

residence 〔 'rɛzədəns 〕 *n.* 住宅
  reside 〔 rɪ'zaɪd 〕 *v.* 居住
  resident 〔 'rɛzədənt 〕 *n.* 居民　*adj.* 居住的

apartment 〔 ə'pɑrtmənt 〕 *n.* 公寓（ =《英》
  flat 〔 flæt 〕 ）

mansion 〔 'mænʃən 〕 *n.* 大廈

villa 〔 'vɪlə 〕 *n.* 別墅

cottage 〔 'kɑtɪdʒ 〕 *n.* 茅屋

cabin 〔 'kæbɪn 〕 *n.* 小屋

prefab 〔 'pri'fæb 〕 *n.* 組合式房屋
  （ = prefabricated house ）

gate 〔 get 〕 *n.* 大門

mailbox〔'mel,bɑks〕 n. 信箱（＝《英》letter box）

doorbell〔'dɔr,bɛl〕 n. 門鈴

hallway〔'hɔl,we〕 n. 走廊；玄關

corridor〔'kɔrədə, 'kɑ-〕 n. 迴廊；走廊

staircase〔'stɛr,kes〕 n. 樓梯

upstairs〔'ʌp'stɛrz〕 adv., n.（在）樓上
　downstairs〔'daʊn'stɛrz〕 adv., n.（在）樓下

step〔stɛp〕 n. 樓梯的一階

basement〔'besmənt〕 n. 地下室

attic〔'ætɪk〕 n. 閣樓

garage〔gə'rɑʒ〕 n. 車庫

elevator〔'ɛlə,vetə〕 n. 電梯（＝《英》lift〔lɪft〕）

flower bed〔'flaʊə,bɛd〕 n. 花床

fountain〔'faʊntṇ〕 n. 噴水池

pond〔pɑnd〕 n. 池塘

living room 起居室；客廳

furniture〔'fɝnɪtʃə〕 n. 家具
　a piece of furniture 一件家具

floor〔flor, flɔr〕 n. 地板

ceiling 〔'silɪŋ〕 *n.* 天花板

sofa 〔'sofə〕 *n.* 沙發

lamp 〔læmp〕 *n.* 燈

pendant lamp 〔'pɛndənt læmp〕 *n.* 吊燈

couch 〔kautʃ〕 *n.* 睡椅；長椅

rocking chair 搖椅　　*arm chair* 扶手椅子

fireplace 〔'faɪrˌples〕 *n.* 壁爐

carpet 〔'kɑrpɪt〕 *n.* 地毯　　*rug* 〔rʌg〕 *n.* (小) 地毯

curtain 〔'kɝtn̩〕 *n.* 窗簾

telephone 〔'tɛləˌfon〕 *n.* 電話

television set 電視機

record player 唱盤

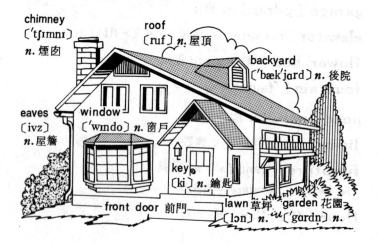

chimney 〔'tʃɪmnɪ〕 *n.* 煙囪

roof 〔ruf〕 *n.* 屋頂

backyard 〔'bæk'jɑrd〕 *n.* 後院

eaves 〔ivz〕 *n.* 屋簷

window 〔'wɪndo〕 *n.* 窗戶

key 〔ki〕 *n.* 鑰匙

front door 前門

lawn 草坪 〔lɔn〕 *n.*

garden 花園 〔'gɑrdn〕 *n.*

bedroom〔'bɛd,rum〕*n.* 臥室

wardrobe〔'wɔrd,rob〕*n.* 衣櫥

cabinet〔'kæbənɪt〕*n.* 櫥櫃

dresser〔'drɛsɚ〕*n.* 化粧台（＝dressing table）

chest of drawers 五斗櫃

pillow〔'pɪlo〕*n.* 枕頭

quilt〔kwɪlt〕*n.* 棉被

blanket〔'blæŋkɪt〕*n.* 毛毯

sheet〔ʃit〕*n.* 牀單

alarm clock〔ə'lɑrm klɑk〕*n.* 鬧鐘

balcony〔'bælkənɪ〕*n.* 陽台

kitchen〔'kɪtʃən〕*n.* 廚房

grate〔gret〕*n.* 爐架

gas range 瓦斯爐

sink〔sɪŋk〕*n.* 洗物槽

refrigerator〔rɪ'frɪdʒɚ,retɚ〕*n.* 冰箱

dining room 飯廳

table〔'tebḷ〕*n.* 餐桌

   tablecloth〔'tebḷ,klɔθ〕*n.* 桌巾

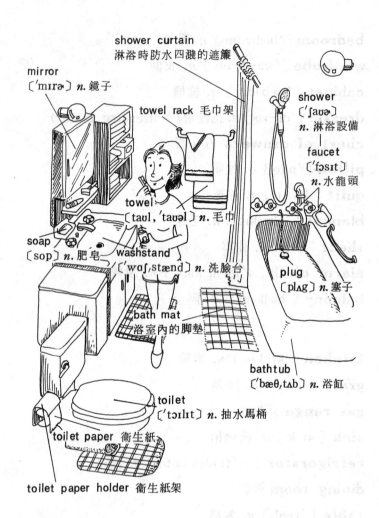

shower curtain
淋浴時防水四濺的遮簾

mirror
〔'mɪrə〕*n.* 鏡子

towel rack 毛巾架

shower
〔'ʃaʊə〕
n. 淋浴設備

faucet
〔'fɔsɪt〕
n. 水龍頭

towel
〔taʊl, 'taʊəl〕*n.* 毛巾

soap
〔sop〕*n.* 肥皂

washstand
〔'waʃ,stænd〕*n.* 洗臉台

plug
〔plʌg〕*n.* 塞子

bath mat
浴室內的腳墊

bathtub
〔'bæθ,tʌb〕*n.* 浴缸

toilet
〔'tɔɪlɪt〕*n.* 抽水馬桶

toilet paper 衛生紙

toilet paper holder 衛生紙架

chair 〔 tʃɛr 〕 *n.* 椅子

cupboard〔'kʌbɚd 〕 *n.* 餐具櫥

drawer 〔 drɔr 〕 *n.* 抽屜

bathroom〔 'bæθ,rum 〕 *n.* 浴室

bath〔 bæθ 〕 *n.* 洗澡

bathe〔 beð 〕 *v.* 洗澡（= take a bath ）

rest room 廁所

lavatory〔'lævə,torɪ 〕 *n.* 盥洗室（＝W.C.）

study〔 'stʌdɪ 〕 *n.* 書房

bookshelf〔 'bʊk,ʃɛlf 〕 *n.* 書架《*pl.*》bookshelves

stationery〔'steʃən,ɛrɪ 〕 *n.* 文具

fountain pen 自來水筆　　*ball-point pen* 原子筆

pencil sharpener 削鉛筆機

eraser 〔 ɪ'resɚ 〕 *n.* 橡皮擦

erase〔 ɪ'res 〕 *v.* 擦掉（= cross out ）

ruler 〔 'rulɚ 〕 *n.* 尺

clip 〔 klɪp 〕 *n.* 廻紋針

compasses 〔 'kʌmpəsɪz 〕 *n.*, *pl.* 圓規

stapler 〔 'steplɚ 〕 *n.* 釘書機

staple〔'stepl̩ 〕 *n.* 釘書針

typewriter 〔'taɪpˌraɪtɚ〕 *n.* 打字機

notebook 〔'notˌbʊk〕 *n.* 筆記本

writing pad（活頁式的）便箋

●家 庭

family 〔'fæməlɪ〕 *n.* 家庭；家人

household 〔'haʊsˌhold〕 *n.* 家庭；家屬

folk 〔fok〕 *n.* 一般人；〔-s〕家人
　　folklore〔'fokˌlor, -ˌlɔr〕 *n.* 民間傳說

ancestor 〔'ænsɛstɚ〕 *n.* 祖先
　　descendant〔dɪ'sɛndənt〕 *n.* 子孫

offspring 〔'ɔfˌsprɪŋ〕 *n.* 子孫；《集合用法》產物

heir 〔ɛr〕 *n.* 繼承人　　*be heir to* ～的繼承人
　　heritage〔'hɛrətɪdʒ〕 *n.* 遺產

parent 〔'pɛrənt, 'pærənt〕 *n.* 父親；母親；〔-s〕雙親
　　Parent-Teacher Association 母姊會（PTA）

sibling 〔'sɪblɪŋ〕 *n.* 〔-s〕兄弟姊妹
　　sister〔'sɪstɚ〕 *n.* 姊妹　　brother〔'brʌðɚ〕 *n.* 兄弟

relative 〔'rɛlətɪv〕 *n.* 親戚

uncle 〔'ʌŋkḷ〕 *n.* 叔〔伯、舅〕父；姑丈

aunt 〔ænt, ɑnt〕 *n.* 姑〔姨〕媽；伯〔叔〕母

nephew 〔'nɛfju, 'nɛvju〕 *n.* 姪兒；外甥
　niece 〔nis〕 *n.* 姪女；甥女

mother-in-law 岳母；婆婆
　father-in-law 岳父；公公

stepfather 〔'stɛp,fɑðɚ〕 *n.* 繼父
　stepmother 〔'stɛp,mʌðɚ〕 *n.* 繼母

couple 〔'kʌpl̩〕 *n.* 夫婦
　husband 〔'hʌzbənd〕 *n.* 丈夫　　wife 〔waɪf〕 *n.* 妻子

spouse 〔spaʊz〕 *n.* 配偶

widow 〔'wɪdo〕 *n.* 寡婦
　widower 〔'wɪdəwɚ〕 *n.* 鰥夫

blood relation 血親；骨肉

●婚　姻

bachelor 〔'bætʃələ〕 *n.* 單身漢（＝single man）
　spinster 〔'spɪnstɚ〕 *n.* 未婚女子；老處女

boy friend 男朋友　　　*girl friend* 女朋友

date 〔det〕 *v., n.* （與異性）約會

propose 〔prə'poz〕 *v.* 求婚；提議
　proposal 〔prə'pozl̩〕 *n.* 求婚；提案

engage 〔ɪn'gedʒ〕 *v.* 訂婚　　　*be engaged to* 與～訂婚
　engagement 〔ɪn'gedʒmənt〕 *n.* 訂婚

fiancé 〔 fi,ɑn'se,,fiən'se 〕 *n*. 未婚夫
　　fiancée 〔 fi,ɑn'se,,fiən'se 〕 *n*. 未婚妻

marriage 〔 'mærɪdʒ 〕 *n*. 婚姻
　　marry 〔 'mærɪ 〕 *v*. 結婚

bridegroom 〔 'braɪd,grum 〕 *n*. 新郎
　　bride 〔 braɪd 〕 *n*. 新娘

bridesmaid 〔 'braɪdz,med 〕 *n*. 女儐相
　　bridesman 〔 'braɪdz,mæn 〕 *n*. 男儐相 (= best man)

newlyweds 〔 'njulɪ,wɛdz 〕
　　n., *pl*. 新婚夫婦

wedding 〔 'wɛdɪŋ 〕 *n*. 婚禮
　　wedding reception 喜筵
　　wedding march 結婚進行曲

ring 〔 rɪng 〕 *n*. 戒指

✿　　　　　　　✿

bouquet 〔 bu'ke,bo'ke 〕 *n*. 花束

honeymoon 〔 'hʌnɪ,mun 〕 *n*. 蜜月；蜜月旅行

divorce 〔 də'vɔrs 〕 *n*., *v*. 離婚

live-together 〔 lɪv tə'gɛðɚ 〕 *n*. 同居

separate 〔 'sɛpə,ret 〕 *v*. 分居
　　separation 〔 ,sɛpə'reʃən 〕 *n*. (夫婦的)分居

anniversary 〔͵ænəˈvɝsərɪ〕 *n.* 周年紀念

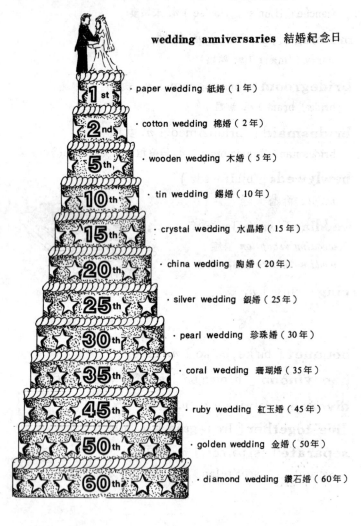

wedding anniversaries 結婚紀念日

· paper wedding 紙婚（1 年）

· cotton wedding 棉婚（2 年）

· wooden wedding 木婚（5 年）

· tin wedding 錫婚（10 年）

· crystal wedding 水晶婚（15 年）

· china wedding 陶婚（20 年）

· silver wedding 銀婚（25 年）

· pearl wedding 珍珠婚（30 年）

· coral wedding 珊瑚婚（35 年）

· ruby wedding 紅玉婚（45 年）

· golden wedding 金婚（50 年）

· diamond wedding 鑽石婚（60 年）

●食

meal 〔 mil 〕 *n*. 一餐　　*meal ticket* 餐券

nutrition 〔 nju'trɪʃən 〕 *n*. 營養
　nutritious 〔 nju'trɪʃəs 〕 *adj*. 營養的

calorie 〔 'kælərɪ 〕 *n*. 卡路里

dine 〔 daɪn 〕 *v*. 用餐　　*dine out* 在外面吃飯
　dinner 〔 'dɪnɚ 〕 *n*. (正式的) 晚餐

digest 〔 daɪ'dʒɛst 〕 *v*. 消化　〔'daɪdʒɛst〕*n*. 摘要
　digestion 〔 daɪ'dʒɛstʃən 〕 *n*. 消化 (作用)

appetite 〔 'æpə,taɪt 〕 *n*. 食慾
　lack 〔 *loss* 〕 *of appetite* 食慾不振

diet 〔 'daɪət 〕 *n*. 規定飲食
　be on a diet 照規定飲食

taste 〔 test 〕 *n*. 味道
　tasty 〔 'testɪ 〕 *adj*. 美味的；好吃的

flavor 〔 'flevɚ 〕 *n*. (獨特的) 口味；風味

sweet 〔 swit 〕 *adj*. 甜的
　bitter 〔'bɪtɚ〕 *adj*. 苦的　　sour 〔 saur 〕 *adj*. 酸的
　hot 〔 hɑt 〕 *adj*. 辣的
　salty 〔 'sɔltɪ 〕 *adj*. 有鹹味的；含鹽的

dish [dɪʃ] *n.* 碗盤；菜餚

breakfast [′brɛkfəst] *n.* 早餐

lunch [lʌntʃ] *n.* 午餐　　brunch [brʌntʃ] *n.* 早餐兼午餐

supper [′sʌpɚ] *n.* (簡便的)晚餐

eat between meals 吃點心

restaurant [′rɛstərənt] *n.* 餐館

menu [′mɛnju] *n.* 菜單

hors d'oeuvre [ɔr′dœvrə, -′dʌv] *n.* 開胃菜

appetizer [′æpə,taɪzɚ] *n.* 開胃菜

appetizing [′æpə,taɪzɪŋ] *adj.* 開胃的

à la carte [,ɑlə′kɑrt] *adv.*, *adj.* 照菜單點菜

table d'hôte [′tæbḷ′dot] *n.* 客飯；和菜

beverage [′bɛvərɪdʒ] *n.* 飲料

dessert [dɪ′zɝt] *n.* 飯後甜點

ꕤ　ꕤ

roast [rost] *v.* (在烤箱)烤　*n.* 烤肉

broil [brɔɪl] *v.* (在烤架上)烤　*n.* 烤肉

toast [tost] *v.* 烘烤(麪包等)；乾杯　*n.* 土司

steam [stim] *v.* 蒸　*n.* 蒸氣

fry [fraɪ] *v.* 炸　　deep-fry [′dip′fraɪ] *v.* 用炸鍋油炸

boil 〔bɔɪl〕 *v.* 煮；使沸騰　　**boiler** 〔ˈbɔɪlɚ〕 *n.* 鍋爐

stew 〔stju〕 *v.* 燉；燜　 *n.* 燉的食物

❀　　　　　　　　❀

hamburger 〔ˈhæmbɝgɚ〕 *n.* 漢堡

roast chicken 〔ˈrost ˈtʃɪkən〕 *n.* 烤雞

ham and eggs 火腿蛋

pizza 〔ˈpitsə〕 *n.* 義大利餡餅；比薩

spaghetti 〔spəˈgɛtɪ〕 *n.* 義大利麵

cereals 〔ˈsɪrɪəlz〕 *n., pl.* 穀類食品（如麥片粥，玉米片等）

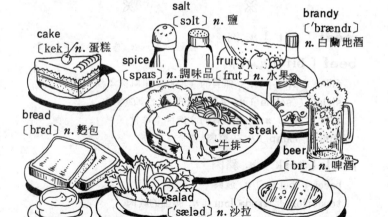

cake
〔kek〕*n.* 蛋糕

salt
〔sɔlt〕*n.* 鹽

brandy
〔ˈbrændɪ〕
n. 白蘭地酒

spice
〔spaɪs〕*n.* 調味品

fruit
〔frut〕*n.* 水果

bread
〔brɛd〕*n.* 麵包

beef steak
牛排

beer
〔bɪr〕*n.* 啤酒

salad
〔ˈsæləd〕*n.* 沙拉

butter
〔ˈbʌtɚ〕*n.* 奶油

supper
〔ˈsʌpɚ〕*n.* （簡便的）晚餐

soup
〔sup〕*n.* 湯

corn-flakes 〔'kɔrn͵fleks〕 *n.,pl.* 玉米片

oatmeal 〔'ot͵mil〕 *n.* 燕麥片粥

hot dog 熱狗

sandwich 〔'sænd͵wɪtʃ〕 *n.* 三明治

cracker 〔'krækə〕 *n.* 餅乾

milk shake 奶昔

lemonade 〔͵lɛmən'ed〕 *n.* 檸檬水

catchup 〔'kɛtʃəp〕 *n.* 蕃茄醬（＝ketchup〔'kɛtʃəp〕）

curry and rice 〔'kɝɪ ænd raɪs〕 *n.* 咖哩飯

✄　　　　　✄

meat 〔mit〕 *n.* 肉

beef 〔bif〕 *n.* 牛肉
　　fillet 〔'fɪlɪt〕 *n.*（無骨的）肉片；里肌肉；腓力牛肉
　　sirloin 〔'sɝlɔɪn〕 *n.* 牛腰上部的肉；沙朗牛肉
　　rib 〔rɪb〕 *n.*（附肋骨的）肉片；排骨
　　rump 〔rʌmp〕 *n.* 牛臀肉

pork 〔pɔrk〕 *n.* 豬肉
　　bacon 〔'bekən〕 *n.* 燻肉
　　tenderloin 〔'tɛndə͵lɔɪn〕 *n.* 腰部的軟肉
　　sausage 〔'sɔsɪdʒ〕 *n.* 香腸

mutton 〔'mʌtn̩〕 *n.* 羊肉　　lamb 〔læm〕 *n.* 小羊肉

chicken 〔'tʃɪkən〕 *n.* 雞肉　　duck〔dʌk〕*n.* 鴨；鴨肉

fish〔fɪʃ〕*n.* 魚；魚肉

venison〔'vɛnɪzn̩〕*n.* 鹿肉

※　　　　　　　　※

seasoning〔'siznɪŋ〕*n.* 調味料

pepper〔'pɛpɚ〕*n.* 胡椒

garlic〔'gɑrlɪk〕*n.* 大蒜

sugar〔'ʃʊgɚ〕*n.* 糖

vinegar〔'vɪnɪgɚ〕*n.* 醋

soy〔sɔɪ〕*n.* 醬油（＝soy sauce）　*soy bean* 大豆；黃豆

relish〔'rɛlɪʃ〕*n.* 香料；佐料

※　　　　　　　　※

liquor〔'lɪkɚ〕*n.* 酒；烈酒

wine〔waɪn〕*n.* 葡萄酒

whisky〔'hwɪskɪ〕*n.* 威士忌酒
　whisky on the rocks 加冰塊的威士忌酒

champagne〔ʃæm'pen〕*n.* 香檳酒

cocktail〔'kɑkˌtel〕*n.* 雞尾酒

mineral water 礦泉水

soft drinks 不含酒精的飲料

chopsticks 〔'tʃɑp͵stɪks〕 *n., pl.* 筷子

fork 〔fɔrk〕 *n.* 叉子

knife 〔naɪf〕 *n.* 刀子

spoon 〔spun〕 *n.* 湯匙　　**spoonful** 〔'spun͵fʊl〕 *n.* 一匙

bowl 〔bol〕 *n.* 碗

plate 〔plet〕 *n.* 淺盤

dish 〔dɪʃ〕 *n.* 大盤子；菜餚

saucer 〔'sɔsɚ〕 *n.* 茶托；茶碟
　　a cup and saucer 一套杯碟

napkin 〔'næpkɪn〕 *n.* 餐巾

● 衣

men's clothing 男裝

ladies' wear 女裝

pullover 〔'pʊl͵ovɚ〕 *n.* 套頭毛衣

sweater 〔'swɛtɚ〕 *n.* 毛衣

vest 〔vɛst〕 *n.* 背心 (=《英》waist coat)

knickerbockers 〔'nɪkɚ͵bɑkɚz〕 *n., pl.* 燈籠短褲

suspenders 〔sə'spɛndɚz〕 *n., pl.* 吊褲帶

tuxedo 〔 tʌk'sido 〕 *n.* 男士半正式晚禮服
（＝《英》dinner jacket）

dinner dress〔*gown*〕女用半正式晚禮服

jeans〔 dʒinz 〕 *n., pl.* 牛仔褲

shorts〔 ʃɔrts 〕 *n., pl.* 短褲

pants〔 pænts 〕 *n., pl.* 褲子　　zipper〔'zɪpɚ〕*n.* 拉鏈

pajamas〔 pə'dʒæməz, pə'dʒɑməz 〕 *n., pl.* 睡衣

maternity robe〔 mə'tɝnɪtɪ rob 〕 *n.* 孕婦裝

fur coat〔 fɝ kot 〕 *n.* 毛衣外套

apron〔'eprən 〕 *n.* 圍裙

miniskirt〔'mɪnɪ,skɝt 〕 *n.* 迷你裙

pleated skirt〔'plitɪd ,skɝt 〕*n.* 褶裙

bikini〔 bɪ'kini 〕 *n.* 比基尼泳裝

ornament〔'ɔrnəmənt 〕 *n.* 裝飾物

bonnet〔'bɑnɪt 〕 *n.* 無邊軟帽

hood〔 hʊd 〕 *n.* 頭巾

scarf〔 skɑrf 〕 *n.* 圍巾

shawl〔 ʃɔl 〕 *n.* 披肩

pocket
〔'pɑkɪt〕 *n.* 口袋

collar〔'kɑlɚ〕 *n.* 衣領

hat
〔hæt〕 *n.* 帽子

coat
〔kot〕 *n.* 外套

tie〔taɪ〕,
necktie〔'nɛk,taɪ〕 *n.*
領帶

overcoat
〔'ovɚ,kot〕
n. 大衣

jacket
〔'dʒækɪt〕
n. 夾克

trousers
〔'traʊzɚz〕 *n.*, *pl.* 褲子

button
〔'bʌtn̩〕 *n.* 鈕釦

shirt
〔ʃɝt〕 *n.*
襯衫

purse
〔pɝs〕 *n.* 錢包

wallet
〔'wɑlɪt〕 *n.* 皮夾

umbrella
〔ʌm'brɛlə〕 *n.* 傘

parasol
〔'pærə,sɔl〕 *n.* 陽傘

shoes
〔ʃuz〕 *n.*, *pl.* 鞋

shoelace
〔'ʃu,les〕 *n.* 鞋帶

socks
〔sɑks〕 *n.*, *pl.* 短襪

brooch〔brutʃ, brotʃ〕*n.* 胸針

corsage〔kɔr'sɑʒ〕*n.* 胸前花飾

❀　　　　　❀

underwear〔'ʌndə,wɛr〕*n.* 內衣褲

brassière〔,bræsɪ'ɛr〕*n.* 胸罩（＝bra〔brɑ〕）

slip〔slɪp〕*n.* 女用內衣

chemise〔ʃə'miz〕*n.* 女用貼身襯衣

panties〔'pæntɪz〕*n., pl.* 女用短襯褲

panty hose〔'pæntɪ hoz〕*n.* 褲襪

briefs〔brifz〕*n., pl.* 男用貼身短內褲

undershirt〔'ʌndə,ʃɝt〕*n.* 男用汗衫；貼身內衣

underpants〔'ʌndə,pænts〕*n., pl.* 男用內褲

❀　　　　　❀

plain〔plen〕*adj.* 樸素的

dressy〔'drɛsɪ〕*adj.* 服飾考究的

sporty〔'sportɪ〕*adj.*（服裝）輕便的

formal〔'fɔrml̩〕*adj.* 正式的

　informal〔ɪn'fɔrml̩〕*adj.* 非正式的

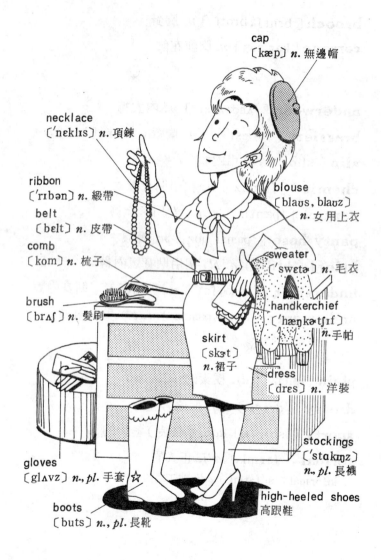

cap
〔kæp〕 *n.* 無邊帽

necklace
〔'nɛklɪs〕 *n.* 項鍊

ribbon
〔'rɪbən〕 *n.* 緞帶

belt
〔bɛlt〕 *n.* 皮帶

comb
〔kom〕 *n.* 梳子

brush
〔brʌʃ〕 *n.* 髮刷

blouse
〔blaʊs, blaʊz〕
n. 女用上衣

sweater
〔'swɛtɚ〕 *n.* 毛衣

handkerchief
〔'hæŋkɚtʃɪf〕
n. 手帕

skirt
〔skɝt〕
n. 裙子

dress
〔drɛs〕 *n.* 洋裝

stockings
〔'stɑkɪŋz〕
n., pl. 長襪

gloves
〔glʌvz〕 *n., pl.* 手套 ☆

boots
〔buts〕 *n., pl.* 長靴

high-heeled shoes
高跟鞋

casual〔'kæʒʊəl〕*adj*.（衣服）簡便的

　　casual wear 便服

● 購　物

shopping〔'ʃɑpɪŋ〕*n*. 購物

　　shopping mall（行人專用的）商店街
　　window shopping 逛街；瀏覽櫥窗

department store

　　〔dɪ'pɑrtmənt stor〕

　　n. 百貨公司

supermarket〔'supə-
　　,mɑrkɪt〕*n*. 超級市場

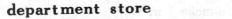

drugstore〔'drʌg,stor〕*n*.

　　藥房；雜貨店

greengrocer's（shop）

　　〔'grin,grosəz（ʃɑp）〕*n*.

　　蔬菜水果店（=《美》vegetable store）

fish shop 魚店

butcher's store 肉店（=meat store）

bakery〔'bekərɪ〕*n*. 麵包店

　　baker〔'bekə〕*n*. 麵包師傅

grocery〔'grosərɪ〕*n*. 食品雜貨店（=grocery store）

draper 〔'drepɚ〕 *n.* 布商

draper's (*shop*) ≪英≫綢布莊

boutique 〔bu'tik〕

n. 精品服飾店

laundry 〔'lɔndrɪ〕 *n.*

洗衣店；送洗衣物

laundromat 〔'lɔndrəmæt, 'lɑn-〕 *n.* 自助洗衣店

shoemaker 〔'ʃu,mekɚ〕 *n.* 鞋匠

hardware store 〔'hɑrd,wɛr stor〕 *n.* 五金店

（＝≪英≫ ironmongery 〔'aɪɚn,mʌŋgrɪ〕）

bookstore 〔'bʊk,stor〕

n. 書店

bookseller 〔'bʊk,sɛlɚ〕 *n.*

書商

stationery store 文具店

florist 〔'flɔrɪst〕 *n.*

花店；花匠

stall 〔stɔl〕 *n.* 攤位

peddler 〔'pɛdlɚ〕 *n.* 小販（＝≪英≫ pedlar ）

retail 〔'ritel 〕 *v., n.* 零售
　　retail dealer 零售商（ = retailer ）
　　retail price 零售價格

wholesale 〔'hol,sel 〕 *v., n.* 批發
　　wholesale dealer 批發商（ = wholesaler ）

business hours 營業時間

sum 〔 sʌm 〕 *n.* 金額總數　　*v.* 總計
　　to sum up 概括言之

change 〔 tʃendʒ 〕 *n.* 零錢

bargain 〔'bɑrgɪn 〕 *n.* 廉價品
　　bargain sale 大減價

discount 〔 dɪs'kaʊnt 〕 *v.* 折扣
　　〔'dɪskaʊnt 〕 *n.* 折扣

vending machine 〔'vɛndɪŋ mə'ʃin〕 *n.* 自動販賣機
　　（ = vender, vendor 〔'vɛndɚ〕 ）

customer 〔'kʌstəmɚ 〕 *n.* 顧客

purchase 〔'pɝtʃəs, -ɪs 〕 *n., v.* 購買
　　purchasing power 購買力

shopping cart 〔'ʃɑpɪŋ kɑrt 〕 *n.* 購物用的手推車

receipt 〔 rɪˈsit 〕 *n.* 收據
wrapping paper 包裝紙

●娛　樂

recreation 〔 ˌrɛkrɪˈeʃən 〕 *n.* 娛樂
　(= pastime 〔 ˈpæsˌtaɪm 〕)

hobby 〔 ˈhɑbɪ 〕 *n.* 嗜好

exercise 〔 ˈɛksəˌsaɪz 〕 *n.* 運動；練習
　v. 運動 (= take exercise)

entertainment 〔 ˌɛntəˈtenmənt 〕 *n.* 娛樂
　entertain 〔 ˌɛntəˈten 〕 *v.* 娛樂

leisure 〔 ˈliʒə, ˈlɛʒə 〕 *n.* 閒暇
　leisurely 〔 ˈliʒəlɪ, ˈlɛʒəlɪ 〕 *adj.* 不匆忙的　*adv.* 悠閒地

�　　�

tour 〔 tʊr 〕 *n.* 旅行　　tourist 〔 ˈtʊrɪst 〕 *n.* 旅行者
　travel 〔 ˈtrævl̩ 〕 *n.* (一般的) 旅行
　trip 〔 trɪp 〕 *n.* (短的) 旅行

voyage 〔 ˈvɔɪ·ɪdʒ 〕 *n.* 航行；航海
　journey 〔 ˈdʒɝnɪ 〕 *n.* (陸路長途的) 旅行

expedition 〔 ˌɛkspɪˈdɪʃən 〕 *n.* 遠征；探險

excursion 〔 ɪkˈskɝʒən, -ʃən 〕 *n.* (團體的) 旅行；遠足

hitchhike ['hɪtʃ,haɪk] *v.* 搭便車旅行

resort [rɪ'zɔrt] *n.* 遊樂地　　*v.* 訴諸
　　a summer [*winter*] *resort* 避暑[寒]地

departure [dɪ'partʃɚ] *n.* 出發；離開
　　arrival [ə'raɪvḷ] *n.* 到達
　　depart [dɪ'part] *v.* 出發；離開

destination [,dɛstə'neʃən] *n.* 目的地
　　destine ['dɛstɪn] *v.* 預定；命中註定

reserve [rɪ'zɝv] *v.* 預約　　*n.* 保留
　　reservation [,rɛzɚ'veʃən] *n.* 預約；保留
　　reservoir ['rɛzɚ,vwar] *n.* 貯水池

✂　　　　　　　✂

sightseeing ['saɪt,siɪŋ] *n.* 觀光

scenery ['sinərɪ] *n.* 風景

sights [saɪts] *n.,pl.* 名勝

historical remains 古蹟

aquarium [ə'kwɛrɪəm] *n.* 水族館

exposition [,ɛkspə'zɪʃən] *n.* 展覽會；博覽會

amusement park 遊樂場

guide [gaɪd] *n.* 嚮導；導遊
　　guidebook ['gaɪd,bʊk] *n.* 旅行指南

souvenir ['suvə,nɪr , ,suvə'nɪr] *n.* 紀念品

collect 〔kə'lɛkt〕 *v.* 收集　　*stamp collecting* 集郵

handicraft 〔'hændɪ,kræft〕 *n.* 手工；手藝

knitting 〔'nɪtɪŋ〕 *n.* 編織

embroidery 〔ɪm'brɔɪdərɪ〕 *n.* 刺繡
　embroider 〔ɪm'brɔɪdɚ〕 *v.* 刺繡

ceramics 〔sə'ræmɪks〕 *n.,pl.* 陶器類
　ceramist 〔'sɛrəmɪst〕 *n.* 陶藝家；製陶業者

gardening 〔'gɑrdṇɪŋ〕 *n.* 園藝

billiards 〔'bɪljɚdz〕 *n.,pl.* 撞球

mahjong(g) 〔mɑ'dʒɔŋ, -'dʒɑŋ〕 *n.,v.* 麻將

pachinko 〔pɑ'tʃiŋko〕 *n.* 小鋼珠

angling 〔'æŋglɪŋ〕 *n.* 釣魚
　angle 〔'æŋgḷ〕 *v.* 釣魚　*n.* 角度
　angler 〔'æŋglɚ〕 *n.* 釣魚者

●運　　動

baseball 〔'bes'bɔl〕 *n.* 棒球
　baseball park 〔*field , ground*〕 棒球場

basketball 〔'bæskɪt,bɔl〕 *n.* 籃球

volleyball 〔'vɑlɪ,bɔl〕 *n.* 排球

football 〔'fʊt,bɔl〕 *n.* 足球

baseball park 棒球場

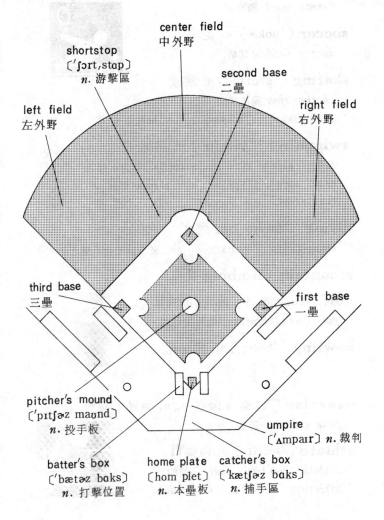

center field
中外野

shortstop
〔'ʃɔrt,stap〕
n. 游擊區

second base
二壘

left field
左外野

right field
右外野

third base
三壘

first base
一壘

pitcher's mound
〔'pɪtʃəz maʊnd〕
n. 投手板

umpire
〔'ʌmpaɪr〕*n.* 裁判

batter's box
〔'bætəz baks〕
n. 打擊位置

home plate
〔hom plet〕
n. 本壘板

catcher's box
〔'kætʃəz baks〕
n. 捕手區

tennis〔'tɛnɪs〕*n.* 網球

　tennis court 網球場

soccer〔'sɑkɚ〕*n.* 足球

　soccer field 足球場

skating〔'sketɪŋ〕*n.* 溜冰

　skating rink 溜冰場

　roller-skating〔'rolɚˌsketɪŋ〕*n.* 輪鞋溜冰

swimming〔'swɪmɪŋ〕*n.* 游泳

　breast stroke 蛙泳　　*butterfly stroke* 蝶泳

　crawl stroke 自由式　　*side stroke* 側泳

　back stroke 仰泳

diving〔'daɪvɪŋ〕*n.* 潛水

　scuba-diving〔'skubəˌdaɪvɪŋ〕*n.* 裝水肺潛水(深水潛水)

mountain climbing 爬山

golf〔gɑlf, gɔlf〕*n.* 高爾夫球

　golf links〔*course*〕高爾夫球場

bowling〔'bolɪŋ〕*n.* 保齡球

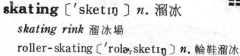

exercise〔'ɛksɚˌsaɪz〕*v., n.* 運動；練習

　take exercise 運動

athlete〔'æθlit〕*n.* 運動員

　athletic〔æθ'lɛtɪk〕*adj.* 運動的

　athletics〔æθ'lɛtɪks〕*n.* 運動競技

competition [ˌkɑmpəˈtɪʃən] *n.* 競爭
　compete [kəmˈpit] *v.* 競爭
　competitor [kəmˈpɛtətɚ] *n.* 競爭者；敵手

match [mætʃ] *n.* 比賽；對手

stadium [ˈstedɪəm] *n.* (有多層看台的)運動場

challenge [ˈtʃælɪndʒ] *v.*, *n.* 挑戰
　challenger [ˈtʃælɪndʒɚ] *n.* 挑戰者

champion [ˈtʃæmpɪən] *n.* 冠軍；優勝選手
　championship [ˈtʃæmpɪənˌʃɪp] *n.* 冠軍

sportsmanship [ˈsportsmənˌʃɪp , ˈsports-]
　n. 運動精神

rival [ˈraɪvḷ] *n.* 對手　*v.* 競爭
　rivalry [ˈraɪvḷrɪ] *n.* 競爭

goal [gol] *n.* 終點；目標

final [ˈfaɪnḷ] *n.* 決賽
　preliminary [prɪˈlɪməˌnɛrɪ] *n.* 初賽
　semifinal [ˌsɛməˈfaɪnḷ] *n.* 準決賽

●保　健

health [hɛlθ] *n.* 健康　　healthy [ˈhɛlθɪ] *adj.* 健康的
　healthful [ˈhɛlθfəl] *adj.* 有益健康的

sound [saʊnd] *adj.* 健全的；(睡眠) 充足的　*adv.* 舒暢地

hygiene ['haɪdʒin, 'haɪdʒɪ,in] *n.* 衞生學
hygienic(al) [,haɪdʒɪ'ɛnɪk(l̩)] *adj.* 衞生的

wholesome ['holsəm] *adj.* 有益健康的

sanitary ['sænə,tɛrɪ] *adj.* 衞生的
unsanitary [ʌn'sænə,tɛrɪ] *adj.* 不衞生的

prevention [prɪ'vɛnʃən] *n.* 預防
prevent [prɪ'vɛnt] *v.* 預防

immunity [ɪ'mjunətɪ] *n.* 免疫
immune [ɪ'mjun] *adj.* 免疫的 ***immune system*** 免疫系統

physical checkup 健康檢查
(= physical examination)

✻ ✻

ill [ɪl] *adj.* 生病的 illness ['ɪlnɪs] *n.* 疾病

sick [sɪk] *adj.* 有病的 ***feel sick*** 想吐；感到噁心
sickness ['sɪknɪs] *n.* 疾病

disease [dɪ'ziz] *n.* 疾病

injure ['ɪndʒɚ] *v.* 使受傷；損害(名譽、感情等)
injury ['ɪndʒərɪ] *n.* 傷害
injurious [ɪn'dʒʊrɪəs] *adj.* 有害的

hurt [hɝt] *v.* 使受傷；疼痛；傷害(感情)
wound [wund] *v.* 使受傷 *n.* 創傷

bruise〔bruz〕*v.,n.* 碰傷；瘀傷

weary〔'wɪrɪ,'wɪrɪ〕*adj.* 疲倦的；厭煩的（＝tired）

fatigue〔fə'tig〕*v.* 使疲勞　*n.* 疲勞

exhaust〔ɪg'zɔst,ɛg-〕*v.* 耗盡；使力竭
　exhaustion〔ɪg'zɔstʃən,ɛg-〕*n.*（極度的）疲勞；耗盡

starve〔starv〕*v.* 使飢餓
　starve to death 餓死　　starvation〔star'veʃən〕*n.* 餓死

operate〔'apə,ret〕*v.* 動手術；生效；操作
　operation〔,apə'reʃən〕*n.* 手術；操作

treatment〔'tritmənt〕*n.* 醫療；待遇
　treat〔trit〕*v.* 治療；對待

cure〔kjʊr〕*v.* 治療　*n.* 治療法
　cure A of B 把A的B（病）治好

heal〔hil〕*v.* 治癒

remedy〔'rɛmədɪ〕*n.* 治療；治療藥物

revive〔rɪ'vaɪv〕*v.* 使復甦
　revival〔rɪ'vaɪv!〕*n.* 恢復；復甦

recover〔rɪ'kʌvɚ〕*v.* 恢復；痊癒
　recovery〔rɪ'kʌvərɪ〕*n.* 恢復；痊癒

fever 〔'fivɚ〕 *n.* 發熱；狂熱
   feverish 〔'fivərɪʃ〕 *adj.* 發熱的；熱烈的

pain 〔pen〕 *n.* 痛苦
   take pains 努力   painful 〔'penfəl〕 *adj.* 痛苦的

temperature 〔'tɛmprətʃɚ〕 *n.* 溫度；體溫
   have a temperature 發燒

❈   ❈

acute 〔ə'kjut〕 *adj.* 急性的；劇烈的
   acute pain 劇痛

chronic 〔'krɑnɪk〕 *adj.* 慢性的
   chronic disease 慢性病

headache 〔'hɛd,ek〕 *n.* 頭痛
   toothache 〔'tuθ,ek〕 *n.* 牙痛
   stomachache 〔'stʌmə,kek〕 *n.* 胃痛；腹痛

cold 〔kold〕 *n.* 感冒；傷風   *adj.* 寒冷的
   flu 〔flu〕 *n.* 流行性感冒（＝influenza〔,ɪnflʊ'ɛnzə〕）

cough 〔kɔf〕 *v., n.* 咳嗽   sneeze 〔sniz〕 *v.* 打噴嚏

cancer 〔'kænsɚ〕 *n.* 癌；惡性腫瘤

pneumonia 〔nju'monjə〕 *n.* 肺炎

indigestion 〔,ɪndə'dʒɛstʃən, ,ɪndaɪ-〕 *n.* 消化不良

nausea 〔'nɔʒə, 'nɔzɪə, 'nɔsɪə〕 *n.* 反胃；暈船
   airsick 〔'ɛr,sɪk〕 *adj.* 暈機的   airsickness *n.* 暈機

heart attack 心臟病

allergy 〔ˈælədʒɪ〕 *n.* 過敏症

　allergic 〔əˈlɜdʒɪk〕 *adj.* 過敏的

measles 〔ˈmizl̩z〕 *n.* 麻疹

appendicitis 〔ə,pɛndəˈsaɪtɪs〕 *n.* 盲腸炎

asthma 〔ˈæsmə, ˈæzmə〕 *n.* 哮喘

tuberculosis 〔tjuˌbɜkjəˈlosɪs〕 *n.* 肺結核
　（簡稱 T.B.）

smallpox 〔ˈsmɔlˌpɑks〕 *n.* 天花

sunstroke 〔ˈsʌnˌstrok〕 *n.* 中暑

insomnia 〔ɪnˈsɑmnɪə〕 *n.* 失眠

paralysis 〔pəˈræləsɪs〕 *n.* 麻痺

　paralyze 〔ˈpærəˌlaɪz〕 *v.* 使麻痺

suffocation 〔,sʌfəˈkeʃən〕 *n.* 窒息

　suffocate 〔ˈsʌfəˌket〕 *v.* 使窒息

fracture 〔ˈfræktʃɚ〕 *n.* 骨折

✄　　　　　　　✄

hospital 〔ˈhɑspɪtl̩〕 *n.* 醫院

　hospitalize 〔ˈhɑspɪtəˌlaɪz〕 *v.* 使住院

sanatorium 〔,sænəˈtɔrɪəm, -ˈtor-〕 *n.* 療養院

consulting room 診療室

dispensary 〔 dɪˈspɛnsərɪ 〕 *n.* 藥房

ward 〔 wɔrd 〕 *n.* 病房

surgeon 〔 ˈsɝdʒən 〕 *n.* 外科醫生
   surgery 〔 ˈsɝdʒərɪ 〕 *n.* 外科
   surgical 〔 ˈsɝdʒɪkḷ 〕 *adj.* 外科的

physician 〔 fəˈzɪʃən 〕 *n.* 內科醫生

dentist 〔 ˈdɛntɪst 〕 *n.* 牙醫

patient 〔 ˈpeʃənt 〕 *n.* 病人　*adj.* 有耐心的
   impatient 〔 ɪmˈpeʃənt 〕 *adj.* 沒耐心的

diagnosis 〔 ˌdaɪəgˈnosɪs 〕 *n.* 診斷
   diagnose 〔 ˌdaɪəgˈnos , -ˈnoz 〕 *v.* 診斷

❀　　　　　　　❀

inspection 〔 ɪnˈspɛkʃən 〕 *n.* 檢查
   inspect 〔 ɪnˈspɛkt 〕 *v.* 檢查

prescription 〔 prɪˈskrɪpʃən 〕 *n.* 藥方
   prescribe 〔 prɪˈskraɪb 〕 *v.* 開藥方

ambulance 〔 ˈæmbjələns 〕 *n.* 救護車

first aid 急救　　*first-aid kit* 急救箱

medicine 〔 ˈmɛdəsn̩ 〕 *n.* 藥；醫學
   medical 〔 ˈmɛdɪkḷ 〕 *adj.* 醫學的；醫藥的

tablet 〔 ˈtæblɪt 〕 *n.* 藥片

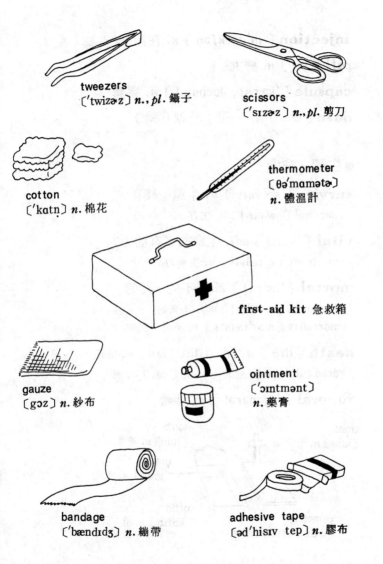

tweezers
〔'twizəz〕 *n., pl.* 鑷子

scissors
〔'sɪzəz〕 *n., pl.* 剪刀

cotton
〔'katn̩〕 *n.* 棉花

thermometer
〔θə'mamətə〕
n. 體溫計

first-aid kit 急救箱

gauze
〔gɔz〕 *n.* 紗布

ointment
〔'ɔɪntmənt〕
n. 藥膏

bandage
〔'bændɪdʒ〕 *n.* 繃帶

adhesive tape
〔əd'hisɪv tep〕 *n.* 膠布

injection [ɪnˈdʒɛkʃən] *n.* 注射

pill [pɪl] *n.* 藥丸

capsule [ˈkæpsl̩, ˈkæpsjul] *n.* 膠囊

dose [dos] *n.* 一服；一劑（藥）

●生死・命運

survive [səˈvaɪv] *v.* 生還；殘存
　survival [səˈvaɪvl̩] *n.* 生存

vital [ˈvaɪtl̩] *adj.* 生命的；有活力的
　vitality [vaɪˈtælətɪ] *n.* 生命力

mortal [ˈmɔrtl̩] *adj.* 不免一死的
　immortal [ɪˈmɔrtl̩] *adj.* 不死的
　mortality [mɔrˈtælətɪ] *n.* 不免一死

death [dɛθ] *n.* 死　　life [laɪf] *n.* 生存
　dead [dɛd] *adj.* 死的　die [daɪ] *v.* 死

funeral [ˈfjunərəl] *n.* 葬禮

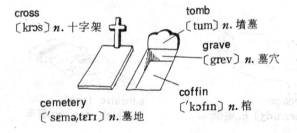

cross [krɔs] *n.* 十字架

tomb [tum] *n.* 墳墓

grave [grev] *n.* 墓穴

coffin [ˈkɔfɪn] *n.* 棺

cemetery [ˈsɛməˌtɛrɪ] *n.* 墓地

burial〔'bɛrɪəl〕*n.* 埋葬　　bury〔'bɛrɪ〕*v.* 埋葬

fate〔fet〕*n.* 命運

fatal〔'fetḷ〕*adj.* 致命的；命運的；無法避免的
(= inevitable〔ɪn'ɛvətəbḷ〕*adj.* 無法避免的）

destiny〔'dɛstənɪ〕*n.* 命運

destine〔'dɛstɪn〕*v.* 注定

doom〔dum〕*n.*（不幸的）命運　　*v.* 注定

fortune〔'fɔrtʃən〕*n.* 幸運；偶然；財富

misfortune〔mɪs'fɔrtʃən〕*n.* 不幸
fortunate〔'fɔrtʃənɪt〕*adj.* 幸運的(= lucky)
unfortunate〔ʌn'fɔrtʃənɪt〕*adj.* 不幸的

● 災　害

disaster〔dɪz'æstɚ〕*n.*（大）災害

disastrous〔dɪz'æstrəs, -'as〕*adj.* 造成災害的

calamity〔kə'læmətɪ〕*n.* 災難

natural calamity 天災

damage〔'dæmɪdʒ〕*v., n.* 損害

harm〔harm〕*v., n.* 損害　　*do harm* 有害

harmful〔'harmfəl〕*adj.* 有害的

mischief〔'mɪstʃɪf〕*n.* 損害；惡作劇

mischievous〔'mɪstʃɪvəs〕*adj.* 有害的；淘氣的

loss [lɔs] *n.* 喪失；損失

    at a loss 困惑   lose [luz] *v.* 失去

victim ['vɪktɪm] *n.* 犧牲者

emergency [ɪ'mɝdʒənsɪ] *n.* 緊急事件

    in an emergency 緊急狀況

    emergent [ɪ'mɝdʒənt] *adj.* 緊急的

crisis ['kraɪsɪs] *n.* 危機；轉振點

    ≪ *pl.* ≫ crises ['kraɪsiz]

    critical ['krɪtɪk!̩] *adj.* 危急的；重大的

danger ['dendʒɚ] *n.* 危險

    be in danger 在危險中

    dangerous ['dendʒərəs] *adj.* 危險的

peril ['pɛrəl] *n.* 危險

    perilous ['pɛrələs] *adj.* 危險的

❦   ❦

risk [rɪsk] *n.* 危險

    take a risk 冒險   *at the risk of* 冒～之險

ruin ['ruɪn] *n.* 毀滅；〔～s〕廢墟   *v.* 毀滅

    ruined ['ruɪnd] *adj.* 荒廢的

destroy [dɪ'strɔɪ] *v.* 破壞

    construct [kən'strʌkt] *v.* 建設

    destruction [dɪ'strʌkʃən] *n.* 毀滅

    destructive [dɪ'strʌktɪv] *adj.* 破壞的

wreck 〔 rɛk 〕 *v.* 摧毀　　*n.* 破毀

　　wreckage 〔 ˈrɛkɪdʒ 〕 *n.* 破毀

drown 〔 draʊn 〕 *v.* 溺死　　*be drowned* 溺死

incident 〔 ˈɪnsədənt 〕 *n.* 事件

　　incidental 〔 ˌɪnsəˈdɛntḷ 〕 *adj.* 難免的；偶發的

　　occurrence 〔 əˈkɜ·əns 〕 *n.* 一般的事件

　　event 〔 ɪˈvɛnt 〕 *n.* 重要的事件

accident 〔 ˈæksədənt 〕 *n.* 意外事件

�֎　　　　�֎

storm 〔 stɔrm 〕 *n.* 暴風雨

　　stormy 〔 ˈstɔrmɪ 〕 *adj.* 暴風雨的

shelter 〔 ˈʃɛltɚ 〕 *n., v.* 庇護；避難所

　　take shelter 避難

flood 〔 flʌd 〕 *n.* 洪水　　*v.* 氾濫

　　drought 〔 draʊt 〕 *n.* 乾旱

tidal wave 海嘯

earthquake 〔 ˈɜ·θˌkwek 〕 *n.* 地震

thunderbolt 〔 ˈθʌndɚˌbolt 〕 *n.* 雷電

landslide 〔 ˈlændˌslaɪd, ˈlæn- 〕 *n.* 山崩

blizzard 〔 ˈblɪzɚd 〕 *n.* 暴風雪

avalanche 〔 ˈævḷˌæntʃ 〕 *n.* 雪崩

typhoon〔taɪˈfun〕*n.* 颱風

hurricane〔ˈhɝɪ͵ken〕*n.* 颶風

cyclone〔ˈsaɪklon〕*n.* 龍捲風

explosion〔ɪkˈsploʒən〕*n.* 爆炸

　explode〔ɪkˈsplod〕*v.* 爆炸

eruption〔ɪˈrʌpʃən〕*n.* 火山爆發

CHECK
T E S T · 3

① 配合題

I. 1. 繃帶　　（　　）　　2. 洗衣店　　（　　）

3. 慢性的　（　　）　　4. 圓規　　　（　　）

5. 財富　　（　　）　　6. 顧客　　　（　　）

7. 冠軍　　（　　）　　8. 展覽　　　（　　）

9. 藥方　　（　　）　　10. 閣樓　　　（　　）

11. 寡婦　　（　　）　　12. 折扣　　　（　　）

13. 緊急事件　（　　）　14. 過敏　　　（　　）

15. 事件　　（　　）　　16. 挑戰　　　（　　）

....

A. accident　　B. widow　　　C. exposition
D. fortune　　 E. laundry　　 F. prescription
G. bandage　　H. challenge　　I. chronic
J. discount　　K. description　L. customer
M. compasses　N. incident　　 O. emergency
P. widower　　 Q. billiards　　 R. championship
S. attic　　　 T. allergy　　　 U. account

II. 1. immortal （　　） 2. departure （　　）

3. souvenir （　　） 4. nutrition （　　）

5. carpet （　　） 6. ancestor （　　）

7. excursion （　　） 8. avalanche （　　）

9. temperature （　　） 10. corridor （　　）

11. bouquet （　　） 12. stationery （　　）

13. knitting （　　） 14. receipt （　　）

....

a . 車站	b . 宴會	c . 地毯	d . 遠足
e . 紀念品	f . 挑戰	g . 出發	h . 樓梯
i . 花束	j . 走廊	k . 祖先	l . 雪崩
m . 溫度	n . 收據	o . 營養	p . 編織
q . 窗簾	r . 子孫	s . 文具	t . 不死的

2 中翻英：

1. 園藝 ＿＿＿＿＿ 2. 窒息 (*n.*) ＿＿＿＿＿

3. 毛巾 ＿＿＿＿＿ 4. 車庫 ＿＿＿＿＿

5. 衛生的 ＿＿＿＿＿ 6. 求婚 (*v.*) ＿＿＿＿＿

7. 釘書機 ＿＿＿＿＿ 8. 預約 (*n.*) ＿＿＿＿＿

9. 繼承人 ＿＿＿＿＿ 10. 書商 ＿＿＿＿＿

11. 運動精神 _____   12. 甜點 _____

13. 目的地 _____   14. 消化 (*n.*) _____

15. 氾濫 _____   16. 山崩 _____

17. 蜜月 _____   18. 毛毯 _____

19. 睡衣 _____   20. 書架 _____

③ 英翻中 :

1. pullover _____   2. chopsticks _____

3. funeral _____   4. back stroke _____

5. immunity _____   6. divorce _____

7. recreation _____   8. refrigerator _____

9. chimney _____   10. hors d'oeuvre _____

11. lawn _____   12. starvation _____

13. injection _____   14. resort (*n.*) _____

15. dwelling _____   16. grocery _____

17. spouse _____   18. fiancée _____

19. damage _____   20. mutton _____

4 翻譯填空：

fatigue	sale	ambulance	sour
cure	wedding	brooch	bakery

....

1. 很多人參加了傑克的婚禮。

   Many people attended Jack's_____.

2. 檸檬吃起來酸酸的。

   Lemon has a_____ taste.

3. 皇后佩戴鑽石胸針去參加節慶。

   The queen wore a diamond_____ to the gala.

4. 我可以聞到麵包店傳來的剛出爐麵包的香味。

   I can smell the aroma of freshly baked bread from the_____.

5. 這些徒步旅行的人累倒了。

   The hikers were overcome by_____.

6. 醫生們還在探尋治療癌症的方法。

   Doctors have yet to find a_____ for cancer.

Social Life

UNIT 4 社會生活

●個人・社會

mankind 〔,mæn'kaɪnd〕 *n.* 人類
〔'mæn,kaɪnd〕 *n.* 男性

human 〔'hjumən〕 *adj.* 人類的
n. 人類（＝ human being）
humanity 〔hju'mænətɪ〕 *n.* 人性

civilization 〔,sɪvḷə'zeʃən〕 *n.* 文明
civilize 〔'sɪvḷ,aɪz〕 *v.* 使開化　civilized *adj.* 文明的
barbarous 〔'bɑrbərəs〕 *adj.* 野蠻的

✤　✤

culture 〔'kʌltʃɚ〕 *n.* 教養；文化
cultural *adj.* 教養的；文化的

habit 〔'hæbɪt〕 *n.* 習慣
be in the habit of 有～的習慣
habitual 〔hə'bɪtʃuəl〕 *adj.* 習慣的

custom 〔'kʌstəm〕 *n.* 風俗習慣
customary 〔'kʌstəm,ɛrɪ〕 *adj.* 習慣的

tradition [trəˈdɪʃən] *n.* 傳統
traditional *adj.* 傳統的

convention [kənˈvɛnʃən] *n.* 集會；會議；慣例
conventional *adj.* 依照慣例的

social [ˈsoʃəl] *adj.* 社會的；社交的
society [səˈsaɪətɪ] *n.* 社會

individual [ˌɪndəˈvɪdʒʊəl] *adj.* 個別的；個人的
n. 個人 individuality [ˌɪndəˌvɪdʒʊˈælətɪ] *n.* 個性

personal [ˈpɝsṇḷ] *adj.* 個人的
personality [ˌpɝsṇˈælətɪ] *n.* 個性；人格

private [ˈpraɪvɪt] *adj.* 個人的；私有的
public [ˈpʌblɪk] *adj.* 公共的 privacy [ˈpraɪvəsɪ] *n.* 隱私

✾　　　✾

privilege [ˈprɪvḷɪdʒ] *n.* 特權 *v.* 給予特權
the privileged classes 特權階級

status [ˈstetəs] *n.* 地位 *status symbol* 地位的象徵

welfare [ˈwɛlˌfɛr] *n.* 幸福；福利
child welfare 兒童福利

crowd [kraʊd] *n.* 群衆 *v.* 群集
be crowded with 擠滿～

community [kəˈmjunətɪ] *n.* 社區；團體
a community of nations 國際社會

organization 〔ˌɔrɡənəˈzeʃən, -aiˈze-〕 *n.* 組織
organize 〔ˈɔrɡənˌaiz〕 *v.* 組織
organic 〔ɔrˈɡænɪk〕 *adj.* 組織的;器官的

institution 〔ˌɪnstəˈtjuʃən〕 *n.* 公共機關;制度
institute 〔ˈɪnstəˌtjut〕 *v.* 設立　institutional *adj.* 制度上的

system 〔ˈsɪstəm〕 *n.* 系統
systematic 〔ˌsɪstəˈmætɪk〕 *adj.* 有系統的

native 〔ˈnetɪv〕 *adj.* 本地的;天生的　*n.* 本地人

●社　交

welcome 〔ˈwɛlkəm〕 *v., n.* 歡迎　*adj.* 受歡迎的
You are welcome. 不客氣。

introduce 〔ˌɪntrəˈdjus〕 *v.* 介紹
introduction 〔ˌɪntrəˈdʌkʃən〕 *n.* 介紹
introductory 〔ˌɪntrəˈdʌktərɪ〕 *adj.* 介紹的

acquaint 〔əˈkwent〕 *v.* 告知;使熟識
be 〔*get, become*〕 *acquainted with* 認識~
acquaintance 〔əˈkwentəns〕 *n.* 相識之人

celebrate 〔ˈsɛləˌbret〕 *v.* 慶祝
celebration 〔ˌsɛləˈbreʃən〕 *n.* 慶祝
celebrated *adj.* 有名的

conduct 〔kənˈdʌkt〕 *v.* 領導;指揮
〔ˈkɑndʌkt〕 *n.* 行為

behave 〔bɪˈhev〕 *v*. 行為　*behave oneself* 守規矩
　behavior 〔bɪˈhevjɚ〕 *n*. 行為

manner 〔ˈmænɚ〕 *n*. 舉止；〔～s〕習俗；禮貌

formal 〔ˈfɔrml̩〕 *adj*. 正式的；禮儀的
　informal 〔ɪnˈfɔrml̩〕 *adj*. 不正式的
　formality 〔fɔrˈmælətɪ〕 *n*. 禮節

polite 〔pəˈlaɪt〕 *adj*. 有禮貌的　politeness *n*. 禮貌

rude 〔rud〕 *adj*. 無禮的；粗魯的　rudeness *n*. 無禮

decent 〔ˈdisn̩t〕 *adj*. 合適的；尚佳的
　decency 〔ˈdisn̩sɪ〕 *n*. 正當；莊重

courtesy 〔ˈkɝtəsɪ〕 *n*. 禮儀；好意
　courteous 〔ˈkɝtɪəs〕 *adj*. 有禮貌的
　civil 〔ˈsɪvl̩〕 *adj*. 有禮貌的；文明的

ceremony 〔ˈsɛrə‚monɪ〕 *n*. 儀式
　ceremonial 〔‚sɛrəˈmonɪəl〕 *adj*. 儀式的
　ceremonious 〔‚sɛrəˈmonɪəs〕 *adj*. 講究儀式的

● 人際關係

depend 〔dɪˈpɛnd〕 *v*. 依賴（on）
　dependence *n*. 依存；信賴　dependent *adj*. 依賴的

rely 〔rɪˈlaɪ〕 *v*. 依賴（on）
　reliable 〔rɪˈlaɪəbl̩〕 *adj*. 可信賴的
　reliability 〔rɪ‚laɪəˈbɪlətɪ〕 *n*. 確實性

trust 〔trʌst〕 *v.*, *n.* 信賴
　trustworthy 〔'trʌst,wɜðɪ〕 *adj.* 可信賴的

aid 〔ed〕 *v.*, *n.* 幫助 (= help)

assist 〔ə'sɪst〕 *v.* 幫助
　assistant 〔ə'sɪstənt〕 *adj.* 輔助的　*n.* 助手

support 〔sə'port〕 *v.* 支持 (= back up);扶養
　n. 支持;扶養

maintain 〔men'ten〕 *v.* 維持
　maintenance 〔'mentənəns〕 *n.* 維持

serve 〔sɜv〕 *v.* 服務;服役
　service 〔'sɜvɪs〕 *n.* 服務;宗教儀式

advise 〔əd'vaɪz〕 *v.* 忠告;勸告
　advice 〔əd'vaɪs〕 *n.* 忠告

guide 〔gaɪd〕 *v.* 指導;引導　*n.* 嚮導
　guidance 〔'gaɪdn̩s〕 *n.* 指導

consult 〔kən'sʌlt〕 *v.* 請教;商量
　consultation 〔,kɑnsl̩'teʃən〕 *n.* 請教

confer 〔kən'fɜ〕 *v.* 授與 (= give);商量
　conference 〔'kɑnfərəns〕 *n.* 會議

apologize 〔ə'pɑlə,dʒaɪz〕 *v.* 道歉
　apology 〔ə'pɑlədʒɪ〕 *n.* 道歉

excuse 〔ɪk'skjuz〕 *v.* 原諒 〔ɪk'skjus〕 *n.* 藉口
　forgive 〔fə'gɪv〕 *v.* 寬恕 　forgiveness *n.* 原諒；寬恕

allow 〔ə'laʊ〕 *v.* 允許（＝let）
　allowance 〔ə'laʊəns〕 *n.* 許可；零用錢

permit 〔pə'mɪt〕 *v.* 允許 〔'pɜmɪt〕 *n.* 許可證
　permission 〔pə'mɪʃən〕 *n.* 許可

persuade 〔pə'swed〕 *v.* 說服
　persuasion 〔pə'sweʒən〕 *n.* 說服

induce 〔ɪn'djus〕 *v.* 說服；引誘

force 〔fɔrs, fors〕 *v.* 強迫 *n.* 力

⌘　　　　　　⌘

compel 〔kəm'pɛl〕 *v.* 強迫
　compulsion 〔kəm'pʌlʃən〕 *n.* 強制
　compulsory 〔kəm'pʌlsərɪ〕 *adj.* 強制的

oblige 〔ə'blaɪdʒ〕 *v.* 使負義務
　obligation 〔,ɑblə'geʃən〕 *n.* 義務

urge 〔ɜdʒ〕 *v.* 力勸；驅策
　urgency 〔'ɜdʒənsɪ〕 *n.* 緊急 　urgent *adj.* 緊急的

threat 〔θrɛt〕 *n.* 威脅
　threaten 〔'θrɛtn̩〕 *v.* 脅迫 　threatening *adj.* 險惡的

disturb 〔dɪ'stɜb〕 *v.* 擾亂；妨礙
　disturbance *n.* 擾亂；恐慌

interfere 〔,ɪntɚ'fɪr〕 *v*. 干涉；妨礙（ in, with ）

interference 〔,ɪntɚ'fɪrəns〕 ***n***. 干涉

interrupt 〔,ɪntə'rʌpt〕 *v*. 使中斷（＝cut in);打擾

interruption 〔,ɪntə'rʌpʃən〕 ***n***. 中斷

cheat 〔tʃit〕 *v*. 欺騙

deceive 〔dɪ'siv〕 *v*. 欺騙

deceit 〔dɪ'sit〕 ***n***. 詐欺

betray 〔bɪ'tre〕 *v*. 背叛　betrayal 〔bɪ'treəl〕 ***n***. 背叛

offend 〔ə'fɛnd〕 *v*. 冒犯；觸怒

offense 〔ə'fɛns〕 ***n***. 冒犯；觸怒　offensive ***adj***. 令人不快的

insult 〔ɪn'sʌlt〕 *v*. 侮辱　〔'ɪnsʌlt〕 ***n***. 侮辱

quarrel 〔'kwɔrəl, 'kwɑr-〕 ***v***., ***n***. 爭論

quarrelsome 〔'kwɔrəlsəm, 'kwɑr-〕 ***adj***. 愛爭吵的

compete 〔kəm'pit〕 *v*. 競爭

competition 〔,kɑmpə'tɪʃən〕 ***n***. 競爭

contend 〔kən'tɛnd〕 *v*. 競爭；爭論

contention 〔kən'tɛnʃən〕 ***n***. 爭論；競爭

contest 〔kən'tɛst〕 *v*. 競爭　〔'kɑntɛst〕 ***n***. 比賽

conflict 〔kən'flɪkt〕 *v*. 衝突　〔'kɑnflɪkt〕 ***n***. 衝突

reconcile 〔'rɛkən,saɪl〕 *v*. 和解

reconciliation 〔,rɛkən,sɪlɪ'eʃən〕 ***n***. 調停

confide 〔kənˈfaɪd〕 v. 信賴 (in)
  confidence 〔ˈkɑnfədəns〕 n. 信賴；自信
  confident *adj*. 確信的；自信的

convince 〔kənˈvɪns〕 v. 說服；使相信
  conviction 〔kənˈvɪkʃən〕 n. 確信；判罪

tempt 〔tɛmpt〕 v. 誘惑
  temptation 〔tɛmpˈteʃən〕 n. 誘惑

cause 〔kɔz〕 n. 原因　 v. 引起
  effect 〔əˈfɛkt, ɪ-〕 n. 結果；效果

influence 〔ˈɪnfluəns〕 n. 影響；勢力　 v. 影響
  influential 〔ˌɪnfluˈɛnʃəl〕 *adj*. 有影響力的

❀　　　　　　❀

affect 〔əˈfɛkt〕 v. 影響；感動
  affection 〔əˈfɛkʃən〕 n. 情愛
  affectionate 〔əˈfɛkʃənɪt〕 *adj*. 摯愛的

impress 〔ɪmˈprɛs〕 v. 使有印象
  impression n. 印象　 impressive *adj*. 給人深刻印象的

inspire 〔ɪnˈspaɪr〕 v. 激勵；賜與靈感
  inspiration 〔ˌɪnspəˈreʃən〕 n. 激勵；靈感

contact 〔ˈkɑntækt〕 n. 接觸；連絡
  v. 連絡 (＝ get in touch with)
  contact lens 隱形眼鏡

interview 〔'ɪntə͵vju〕 *n*. 會見；訪問　　*v*. 會見

　interviewer 〔'ɪntə͵vjuə〕 *n*. 訪問者；接見者

isolate 〔'aɪsḷ͵et〕 *v*. 孤立　isolation 〔͵aɪsḷ'eʃən〕 *n*.孤立

accompany 〔ə'kʌmpənɪ〕 *v*. 陪伴

　accompaniment 〔ə'kʌmpənɪmənt〕 *n*. 陪伴物

treat 〔trit〕 *v*. 對待

　treatment 〔'tritmənt〕 *n*. 待遇

cherish 〔'tʃɛrɪʃ〕 *v*.珍惜

promise 〔'pramɪs〕 *n*. 諾言　*v*. 允諾

　keep〔*break*〕*a promise* 遵守〔違背〕諾言
　promising *adj*.有希望的　appointment〔ə'pɔɪntmənt〕*n*. 約會
　date〔det〕*n*.（與異性的）約會
　engagement〔ɪn'gedʒmənt〕*n*. 約會；訂婚

recommend 〔͵rɛkə'mɛnd〕 *v*. 推薦

　recommendation 〔͵rɛkəmɛn'deʃən〕 *n*. 推薦

✾　　　　　　　　　✾

propose 〔prə'poz〕 *v*. 提議

　proposal 〔prə'pozḷ〕 *n*. 提議

appeal 〔ə'pil〕 *v*. 引起興趣　　*n*. 吸引力

　appealing *adj*. 令人心動的

share 〔ʃɛr〕 *v*. 分配；分享　　*n*. 部分

participate 〔pə'tɪsə͵pet〕 *v*.參與（ in ）

　（= take part in ）　participation *n*. 參加

obey 〔o'be, ə'be〕 *v.* 服從

　obedient 〔ə'bidɪənt〕 *adj.* 順從的

　obedience 〔ə'bidɪəns〕 *n.* 服從

yield 〔jild〕 *v.* 屈服；出產　*n.* 生產量

react 〔rɪ'ækt〕 *v.* 反應

　reaction 〔rɪ'ækʃən〕 *n.* 反應；反動

　reactionary 〔rɪ'ækʃən,ɛrɪ〕 *adj.* 反動的

account 〔ə'kaunt〕 *v.* 說明(for)　*n.* 報告；理由

　on account of 因為~

owe 〔o〕 *v.* 欠債　owing 〔'o•ɪŋ〕 *adj.* 負債的

　owing to 因為~

❀　　　　　　❀

indicate 〔'ɪndə,ket〕 *v.* 指示

　indication 〔,ɪndə'keʃən〕 *n.* 指示

demonstrate 〔'dɛmən,stret〕 *v.* 證明(=prove)；
示威　demonstration 〔,dɛmən'streʃən〕 *n.* 證明；示威

illustrate 〔'ɪləstret, ɪ'lʌstret〕 *v.* 舉例說明

　illustration 〔ɪ,ləs'treʃən,ɪ,lʌs'treʃən〕 *n.* 說明；圖解

mutual 〔'mjutʃuəl〕 *adj.* 相互的；共同的(=common)

intimate 〔'ɪntəmɪt〕 *adj.* 親密的

　intimacy 〔'ɪntəməsɪ〕 *n.* 親密

favor 〔'fevɚ〕 n. 偏愛；好意　*in favor of* 支持～
favorable 〔'fevərəbḷ〕 *adj.* 善意的；順利的
favorite 〔'fevərɪt〕 *adj.* 最喜歡的　n. 最喜歡的人〔物〕

● 議論・非難・溝通

remark 〔rɪ'mɑrk〕 v. 談起（= say）；評論
n. 意見；批評　remarkable 〔rɪ'mɑrkəbḷ〕*adj.* 值得注意的

comment 〔'kɑmɛnt〕 v., n. 評論
make a comment on 評論～
commentator 〔'kɑmən,tetɚ〕 n. 時事評論者

utter 〔'ʌtɚ〕 v. 說出　*adj.* 完全的
utterance 〔'ʌtərəns,'ʌtrəns〕 n. 發言

mention 〔'mɛnʃən〕 v. 提及
not to mention 更不用說

refer 〔rɪ'fɝ〕 v. 言及；參照（to ）
reference 〔'rɛfərəns〕 n. 言及；參考

order 〔'ɔrdɚ〕 v. 命令；整理　n. 命令；次序

command 〔kə'mænd〕 v., n. 命令
commanding *adj.* 指揮的

warn 〔wɔrn〕 v. 警告　warning n. 警告

reply 〔rɪ'plaɪ〕 v., n. 回答（= answer ）
in reply to 答覆～

respond 〔rɪˈspɑnd〕 *v.* 回答；反應

　response 〔rɪˈspɑns〕 *n.* 回答；反應

inform 〔ɪnˈfɔrm〕 *v.* 通知（ = tell ）

　inform A of B 把B告訴A

　information 〔ˌɪnfəˈmeʃən〕 *n.* 情報；消息

announce 〔əˈnaʊns〕 *v.* 發表

　announcement *n.* 發表

insist 〔ɪnˈsɪst〕 *v.* 堅持（ on ）

persist 〔pəˈzɪst, -ˈsɪst〕 *v.* 堅持（ in ）

　persistent 〔pəˈzɪstənt, -ˈsɪst-〕 *adj.* 固執的

suggest 〔səˈdʒɛst〕 *v.* 提議

　suggestion 〔səˈdʒɛstʃən〕 *n.* 建議　suggestive *adj.* 暗示的

🦋　　　　　　　　🦋

inquire 〔ɪnˈkwaɪr〕 *v.* 詢問（ = ask ）

　inquiry 〔ɪnˈkwaɪrɪ, ˈɪnkwə-〕 *n.* 詢問

confess 〔kənˈfɛs〕 *v.* 承認；自白

　confession 〔kənˈfɛʃən〕 *n.* 自白

admit 〔ədˈmɪt〕 *v.* 承認；允許進入

　admission 〔ədˈmɪʃən〕 *n.* 承認；入場

　admittance 〔ədˈmɪtns〕 *n.* 入場（許可）

address 〔əˈdrɛs〕 *v.* 發表演說

　〔əˈdrɛs, ˈædrɛs〕 *n.* 演說；住址

explain 〔ɪkˈsplen〕 *v.* 說明
　explanation 〔ˌɛkspləˈneʃən〕 *n.* 說明

flatter 〔ˈflætɚ〕 *v.* 奉承
　flattery 〔ˈflætərɪ〕 *n.* 阿諛之詞

complain 〔kəmˈplen〕 *v.* 抱怨 (of, about)
　complaint 〔kəmˈplent〕 *n.* 不平

object 〔əbˈdʒɛkt〕 *v.* 反對　〔ˈɑbdʒɪkt〕*n.* 物體;目的
　objection *n.* 反對

protest 〔prəˈtɛst〕 *v.* 抗議　〔ˈprotɛst〕*n.* 抗議
　Protestant 〔ˈprɑtɪstənt〕 *n.* 新教徒

discuss 〔dɪˈskʌs〕 *v.* 討論 (= talk about)
　discussion *n.* 討論

argue 〔ˈɑrgju〕 *v.* 爭論　argument *n.* 辯論;理由

dispute 〔dɪˈspjut〕 *v.*, *n.* 爭論
　disputable 〔dɪˈspjutəb!,ˈdɪspjutəb!〕 *adj.* 爭論的

debate 〔dɪˈbet〕 *v.*, *n.* 辯論

negotiate 〔nɪˈgoʃɪˌet〕 *v.* 交涉;談判
　negotiation 〔nɪˌgoʃɪˈeʃən〕 *n.* 〔~s〕交涉
　peace negotiations 和平交涉

criticize 〔ˈkrɪtəˌsaɪz〕 *v.* 批評
　critic 〔ˈkrɪtɪk〕 *n.* 批評家　critical 〔ˈkrɪtɪk!〕 *adj.* 批評的
　criticism 〔ˈkrɪtəˌsɪzəm〕 *n.* 批評

blame 〔blem〕 *v.* 譴責；歸咎　　*n.* 非難；過失
　　be to blame 應受責

●犯罪・法律

crime 〔kraɪm〕 *n.* （法律上的）罪
　　sin 〔sɪn〕 *n.* （宗敎上的）罪
　　criminal 〔'krɪmənḷ〕 *adj.* 犯罪的　　*n.* 犯人

commit 〔kə'mɪt〕 *v.* 犯（罪）；委託
　　commission 〔kə'mɪʃən〕 *n.* 手續費；委任
　　committee 〔kə'mɪtɪ〕 *n.* 委員會

murder 〔'mɝdɚ〕 *v.* 謀殺（＝kill）*n.* 謀殺
　　murderer *n.* 殺人者　　assassinate 〔ə'sæsṇ,et〕 *v.* 暗殺
　　slaughter 〔'slɔtɚ〕 *v.,n.* 屠殺　　suicide 〔'suə,saɪd〕 *v.,n.* 自殺
　　massacre 〔'mæsəkɚ〕 *v.,n.* 大屠殺

assail 〔ə'sel〕 *v.* 攻擊；辱罵
　　assailant 〔ə'selənt〕 *n.* 攻擊者

violate 〔'vaɪə,let〕 *v.* 違反
　　violation 〔,vaɪə'leʃən〕 *n.* 違反
　　traffic violation 違反交通規則

shoot 〔ʃut〕 *v.* 射擊　　shot 〔ʃat〕 *n.* 發射

steal 〔stil〕 *v.* 偷　　*steal A from B* 偷了B（人）的A（物）

rob 〔rɑb〕 *v.* 搶奪　　*rob A of B* 搶了A（人）的B（物）
　　robber *n.* 強盜　　robbery *n.* 搶劫

thief 〔θif〕 *n.* 小偷 《*pl.*》 thieves 〔θivz〕

　　theft 〔θɛft〕 *n.* 竊盜 (行為)

burglar 〔'bɝglɚ〕 *n.* 竊賊

smuggle 〔'smʌgl̩〕 *v.* 走私　　smuggler *n.* 走私者

hijack 〔'haɪ,dʒæk〕 *v.* 刧持(飛機) hijacker *n.* 刧機犯

arson 〔'ɑrsn̩〕 *n.* 縱火

　　arsonist 〔'ɑrsn̩ɪst〕 *n.* 縱火犯

pickpocket 〔'pɪk,pɑkɪt〕 *n.* 扒手

kidnap 〔'kɪdnæp〕 *v.* 綁架；勒贖

　　kidnapper *n.* 綁匪

shoplifting 〔'ʃɑp,lɪftɪŋ〕 *n.* 順手牽羊

fraud 〔frɔd〕 *n.* 詐欺；詐欺行為

blackmail 〔'blæk,mel〕 *v.*,*n.* 勒索；敲詐

bribe 〔braɪb〕 *v.* 行賄　bribery 〔'braɪbərɪ〕*n.* 賄賂行為

　　　　❀　　　　　　　❀

arrest 〔ə'rɛst〕 *v.*,*n.* 逮捕；拘留

　　under arrest 被逮捕；被拘留

trial 〔'traɪəl〕 *n.* 審判　try〔traɪ〕 *v.* 審問

court 〔kɔrt,kort〕 *n.* 法院　*supreme court* 最高法院

jury 〔'dʒʊrɪ〕 *n.* 陪審團

　　juryman 〔'dʒʊrɪmən〕 *n.* 陪審員

lawsuit 〔'lɔ,sut,-,sjut〕 *n*. 訴訟

accuse 〔ə'kjuz〕 *v*. 控告　accused 〔ə'kjuzd〕 *n*. 被告
accuser 〔ə'kjuzɚ〕 *n*. 原告

charge 〔tʃɑrdʒ〕 *v*., *n*. 控訴；索價

suspect 〔sə'spɛkt〕 *v*. 懷疑 〔'sʌspɛkt〕 *n*. 嫌疑犯

judge 〔dʒʌdʒ〕 *n*. 法官

prosecutor 〔'prɑsɪ,kjutɚ〕 *n*. 檢察官

counselor 〔'kaʊnslɚ〕 *n*. （訴訟）律師

sentence 〔'sɛntəns〕 *v*., *n*. 宣判；判決

innocent 〔'ɪnəsn̩t〕 *adj*. 無罪的；天眞無邪的
innocence *n*. 無罪；天眞

guilty 〔'gɪltɪ〕 *adj*. 有罪的　guilt *n*. 罪行

illegal 〔ɪ'ligl̩〕 *adj*. 非法的　legal 〔'ligl̩〕 *adj*. 合法的

witness 〔'wɪtnɪs〕 *n*. 目擊者；證人　*v*. 目擊；作證

✖　　　　　✖

imprison 〔ɪm'prɪzn̩〕 *v*. 下獄
imprisonment 〔ɪm'prɪzn̩mənt〕 *n*. 入獄
life imprisonment 終身監禁

capital punishment 死刑

police 〔pə'lis〕 *n*. 警方　policeman〔pə'lismən〕 *n*. 警察

patrol 〔pə'trol〕 *n*., *v*. 巡邏　*on patrol* 在巡邏

parole〔pəˈrol〕*v.,n.* 假釋出獄

release〔rɪˈlis〕*v.* 釋放

pistol〔ˈpɪstḷ〕*n.* 手槍

handcuffs〔ˈhænd͵kʌfs, ˈhæn͵kʌfs〕*n.,pl.* 手銬

●職　業

career〔kəˈrɪr〕*n.*（一生的）職業；生涯

occupation〔͵ɑkjəˈpeʃən〕*n.* 職業；工作

profession〔prəˈfɛʃən〕*n.* 職業（指律師、醫生等
經過專門訓練的職業）

clerk〔klɝk〕*n.* 店員(＝《英》shop assistant)；事務員

grocer〔ˈgrosɚ〕*n.* 雜貨商　grocery〔ˈgrosərɪ〕*n.* 雜貨

barber〔ˈbɑrbɚ〕*n.* 理髮師

tailor〔ˈtelɚ〕*n.* 裁縫

accountant〔əˈkaʊntənt〕*n.* 會計師

banker〔ˈbæŋkɚ〕*n.* 銀行業者；銀行家

counselor〔ˈkaʊnslɚ〕*n.*（訴訟）律師；法律顧問
　lawyer〔ˈlɔjɚ〕*n.*（一般）律師

engineer〔͵ɛndʒəˈnɪr〕*n.* 工程師
　engine〔ˈɛndʒən〕*n.* 引擎
　engineering〔͵ɛndʒəˈnɪrɪŋ〕*n.* 工程學

carpenter 〔ˈkɑrpəntɚ〕 *n.* 木匠

critic 〔ˈkrɪtɪk〕 *n.* 批評家

criticism 〔ˈkrɪtəˌsɪzm̩〕 *n.* 批評；評論

instructor 〔ɪnˈstrʌktɚ〕 *n.* 教師

scholar 〔ˈskɑlɚ〕 *n.* 學者

scholarship 〔ˈskɑlɚˌʃɪp〕 *n.* 學問；獎學金

official 〔əˈfɪʃəl〕 *n.* 公務員　*adj.* 公家的

officer 〔ˈɑfəsɚ,ˈɔf-〕 *n.* 軍官；官員

designer 〔dɪˈzaɪnɚ〕 *n.* 設計家

design 〔dɪˈzaɪn〕 *v.* 設計

❀　　　　　　❀

editor 〔ˈɛdɪtɚ〕 *n.* 編輯

editor in chief 總編輯

athlete 〔ˈæθlɪt〕 *n.* 運動員

athletic 〔æθˈlɛtɪk〕 *adj.* 運動(員)的

detective 〔dɪˈtɛktɪv〕 *n.* 偵探　*adj.* 偵探的

adman 〔ˈædˌmæn〕 *n.* 廣告業者；廣告文案製作人
(= advertising man)

director
〔də'rɛktə, daɪ-〕 *n.* 指導者；理事

secretary
〔'sɛkrə,tɛrɪ〕 *n.* 秘書

manager
〔'mænɪdʒə〕 *n.* 經理

businessman
〔'bɪznɪs,mæn〕 *n.* 實業家

office worker
辦公的人

mechanic
〔mə'kænɪk〕 *n.* 技工

engineer
〔,ɛndʒə'nɪr〕 *n.* 工程師

store manager
店長

clerk
〔klɜk〕 *n.* 店員

merchant
〔'mɜtʃənt〕
n. 商人；零售商

CHECK
TEST·4

1 配合題：

I. 1. 強迫　　（　　）　　2. 參與　　（　　）

3. 服從　　（　　）　　4. 使熟識　（　　）

5. 地位　　（　　）　　6. 個人的　（　　）

7. 命令　　（　　）　　8. 責難　　（　　）

9. 承認　　（　　）　　10. 習慣　　（　　）

11. 禮貌　　（　　）　　12. 商量　　（　　）

13. 競爭　　（　　）　　14. 慶祝　　（　　）

15. 說明　　（　　）　　16. 侮辱　　（　　）

....

A. celebration　B. blame　　　C. compel
D. confide　　　E. admission　　F. custom
G. status　　　H. account　　　I. manners
J. contest　　　K. participation　L. obedience
M. discount　　N. consult　　　O. habitual
P. command　　Q. individual　　R. acquaint
S. insult　　　T. statue　　　U. accuser

Ⅱ. 1. robbery （　） 2. arrest （　）

3. negotiation （　） 4. accused （　）

5. criticize （　） 6. barber （　）

7. athlete （　） 8. mechanic （　）

9. handcuffs （　） 10. violate （　）

11. suspect （　） 12. arsonist （　）

13. imprisonment （　） 14. bribe （　）

┈┈┈┈┈┈┈┈┈┈┈┈┈┈┈┈┈┈┈┈┈┈┈┈

a. 技工　　　b. 被告　　　c. 談判　　　d. 違反

e. 嫌疑犯　　f. 偷竊　　　g. 賄賂　　　h. 運動員

i. 批評　　　j. 手銬　　　k. 休息　　　l. 原告

m. 運動的　　n. 縱火犯　　o. 逮捕　　　p. 劫機犯

q. 攻擊　　　r. 理髮師　　s. 搶劫　　　t. 監禁

2 中翻英：

1. 靈感 ＿＿＿＿＿ 2. 誘惑 (*n.*) ＿＿＿＿＿

3. 文明 (*n.*) ＿＿＿＿＿ 4. 福利 ＿＿＿＿＿

5. 干涉 (*v.*) ＿＿＿＿＿ 6. 組織 (*n.*) ＿＿＿＿＿

7. 推薦 (*v.*) ＿＿＿＿＿ 8. 偵探 ＿＿＿＿＿

9. 自白 (*n.*) ＿＿＿＿＿ 10. 特權 ＿＿＿＿＿

11. 有系統的 _____

12. 給人深刻印象的 _____

13. 和解 (*v.*) _____

14. 忠告 (*n.*) _____

15. 篡位 (*n.*) _____

16. 威脅 (*v.*) _____

17. 寬恕 (*v.*) _____

18. 無罪 (*n.*) _____

19. 義務 _____

20. 零用錢 _____

3 英翻中：

1. maintenance _____

2. influential _____

3. comment _____

4. introduction _____

5. trustworthy _____

6. information _____

7. promising _____

8. dependent _____

9. culture _____

10. interruption _____

11. ceremony _____

12. apologize _____

13. insist _____

14. intimate _____

15. crowd(*n.*) _____

16. respond _____

17. behavior _____

18. betray _____

19. isolation _____

20. affection _____

4 翻譯填空：

support	private	share	warned
mutual	natives	convince	pickpocket

....

1. 這個島上的居民以魚為主食。

The _____ of this island eat only fish.

2. 他夏天工作供自己念大學。

He worked during the summer to _____ himself in college.

3. 律師試著讓陪審團相信他是無辜的。

The lawyers tried to _____ the jury that he was innocent.

4. 我和其他四人合住一間公寓。

I _____ an apartment with four other people.

5. 這個記號警告我們別碰柵欄。

The sign _____ us not to touch the fence.

6. 扒手被警察逮捕。

The _____ was arrested by the policeman.

Politics & Economy

UNIT 5 政治・經濟

●政 治

democracy 〔dəˈmɑkrəsɪ〕 *n.* 民主政治

democratic 〔ˌdɛməˈkrætɪk〕 *adj.* 民主主義的

democrat 〔ˈdɛməˌkræt〕 *n.* 信仰民主主義者

liberty 〔ˈlɪbɚtɪ〕 *n.* 自由 *at liberty* 自由的；空閒的

authority 〔əˈθɔrətɪ〕 *n.* 權威

authorize 〔ˈɔθəˌraɪz〕 *v.* 授權

authoritative 〔əˈθɔrəˌtetɪv〕 *adj.* 有權威的

cabinet 〔ˈkæbənɪt〕 *n.* 內閣

⌘ ⌘

nation 〔ˈneʃən〕 *n.* 國家

national 〔ˈnæʃənl̩〕 *adj.* 國家的

nationality 〔ˌnæʃənˈælətɪ〕 *n.* 國籍

commonwealth 〔ˈkɑmənˌwɛlθ〕 *n.* 聯邦

kingdom 〔ˈkɪŋdəm〕 *n.* 王國

republic 〔rɪˈpʌblɪk〕 *n.* 共和國

monarchy 〔ˈmɑnɚkɪ〕 *n.* 君主政體

revolution 〔,rɛvə'luʃən〕 *n*. 革命；周轉

revolutionary *adj*. 革命的

revolve 〔rɪ'vɑlv〕 *v*. 旋轉

revolver *n*. 連發手槍

evolve 〔ɪ'vɑlv〕 *v*. 進化

evolution *n*. 進化

revolving door 旋轉門

empire 〔'ɛmpaɪr〕 *n*. 帝國

the Roman Empire 羅馬帝國　emperor 〔'ɛmərə〕 *n*. 皇帝

empress 〔'ɛmprɪs〕 *n*. 女皇；皇后

constitution 〔,kɑnstə'tjuʃən〕 *n*. 憲法；構成；體質

constitute 〔'kɑnstə,tjut〕 *v*. 構成；制定（法律）

policy 〔'pɑləsɪ〕 *n*. 政策　politics 〔'pɑlə,tɪks〕 *n*. 政治

politician 〔,pɑlə'tɪʃən〕 *n*. 政客　political 〔pə'lɪtɪk̩〕 *adj*. 政治的

statesman 〔'stetsmən〕 *n*. 政治家

bill 〔bɪl〕 *n*. （向國會提出的）法案；議案

act 〔ækt〕 *n*. （bill 通過後的）法案；法令

reign 〔ren〕 *v*. 統治　*n*. 王朝；統治

govern 〔'gʌvən〕 *v*. 統治　governor *n*. 統治者

government *n*. 統治；政府

dominate 〔'dɑmə,net〕 *v*. 統治；支配

domination 〔,dɑmə'neʃən〕 *n*. 統治

control 〔kən'trol〕 *v*., *n*. 控制

legislate 〔'lɛdʒɪs,let〕 *v*. 立法

legislature 〔'lɛdʒɪs,letʃɚ〕 *n*. 立法院

legislator 〔'lɛdʒɪs,letɚ〕 *n*. 立法委員

legislative 〔'lɛdʒɪs,letɪv〕 *adj*. 立法的

territory 〔'tɛrə,torɪ〕 *n*. 領土

territorial 〔,tɛrə'torɪəl〕 *adj*. 領土的

colony 〔'kɑlənɪ〕 *n*. 殖民地

colonial 〔kə'lonɪəl〕 *adj*. 殖民（地）的

colonize *v*. 建立殖民地

frontier 〔frʌn'tɪr, frɑn-〕 *n*. 邊境

❈ ❈

border 〔'bɔrdɚ〕 *n*. 邊界

immigrant 〔'ɪməgrənt〕 *n*. （自外國移入的）移民

emigrant 〔'ɛməgrənt〕 *n*. （移居外國的）移民

alien 〔'eljən,'elɪən〕 *adj*. 外國（人）的（＝foreign）
n. 外國人（＝foreigner）

independent 〔,ɪndɪ'pɛndənt〕 *adj*. 獨立的

be independent of（脫離~而）獨立　independence *n*. 獨立

royal 〔'rɔɪəl〕 *adj*. 皇室的　*the royal family* 皇族

loyal 〔'lɔɪəl,'lɔjəl〕 *adj*. 忠誠的

capital 〔'kæpətḷ〕 *n*. 首都；資本　*adj*. 重要的

capitalist *n*. 資本家；資本主義者　capitalism *n*. 資本主義

the Capitol 〔'kæpətḷ〕 美國國會議事廳

vote [vot] *v.*, *n.* 投票

　vote for [*against*] 投票贊成〔反對〕~

candidate [ˈkændə,det, ˈkændədɪt] *n.* 候選人

diplomacy [dɪˈploməsɪ] *n.* 外交

　diplomat [ˈdɪplə,mæt] *n.* 外交官

　diplomatic [,dɪpləˈmætɪk] *adj.* 外交上的

ambassador [æmˈbæsədɚ] *n.* 大使

　embassy [ˈɛmbəsɪ] *n.* 大使館

minister [ˈmɪnɪstɚ] *n.* 公使；外交使節

　legation [lɪˈgeʃən] *n.* 公使館

consul [ˈkɑnsḷ] *n.* 領事

　consulate [ˈkɑnslɪt, ˈkɑnsjəlɪt] *n.* 領事館

envoy [ˈɛnvɔɪ] *n.* (全權)公使

delegate [ˈdɛlə,get] *n.* 代表

　delegation [,dɛləˈgeʃən] *n.* 代表團

negotiation [nɪ,goʃɪˈeʃən] *n.* 磋商；談判

　negotiate [nɪˈgoʃɪ,et] *v.* 商議

alliance [əˈlaɪəns] *n.* 聯盟

treaty [ˈtritɪ] *n.* 條約

　peace treaty 和約

president
〔'prɛzədənt〕
n. 總統

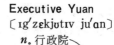

Executive Yuan
〔ɪg'zɛkjʊtɪv ju'ɑn〕
n. 行政院

Legislative Yuan
〔'lɛdʒɪs,letɪv ju'ɑn〕
n. 立法院

Judicial Yuan
〔dʒu'dɪʃəl ju'ɑn〕
n. 司法院

Examination Yuan
〔ɪg,zæmə'neʃən ju'ɑn〕
n. 考試院

Control Yuan
〔kən'trol ju'ɑn〕
n. 監察院

vice president
副總統

National Assembly
〔'næʃənḷ ə'sɛmblɪ〕
n. 國民大會

premier
〔'primɪ∂,prɪ'mɪr〕
n. 行政院長；首相

legislator
〔'lɛdʒɪs,letɚ〕
n. 立法委員

National Assembly delegate
國大代表

member of Control Yuan
監察委員

● 國家 · 國民

Africa ［'æfrɪkə］ *n.* 非洲　African ［'æfrɪkən］*n.*非洲人

Arabia ［ə'rebɪə］ *n.* 阿拉伯

　Arabian ［ə'rebɪən］ *n.* 阿拉伯人

Argentina ［,ɑrdʒən'tinə］ *n.* 阿根廷

　Argentine ［'ɑrdʒən,tin,-,taɪn］ *n.*阿根廷人（＝Argentinian）

Asia ［'eʒə,'eʃə］ *n.* 亞洲

　Asiatic ［,eʒɪ'ætɪk,,eʃɪ-］, Asian ［'eʃən］ *n.* 亞洲人

Australia ［ɔ'streljə］ *n.* 澳洲

　Australian ［ɔ'streljən］ *n.* 澳洲人

Austria ［'ɔstrɪə］ *n.* 奧地利

　Austrian ［'ɔstrɪən］ *n.* 奧地利人

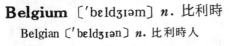

Belgium ［'bɛldʒɪəm］ *n.* 比利時

　Belgian ［'bɛldʒɪən］ *n.* 比利時人

Brazil ［brə'zɪl］ *n.* 巴西

　Brazilian ［brə'zɪljən,bə-］ *n.* 巴西人

Burma ［'bɝmə］ *n.* 緬甸　Burmese ［bɝ'miz］*n.* 緬甸人

Canada ［'kænədə］ *n.* 加拿大

　Canadian ［kə'nedɪən］ *n.* 加拿大人

Chile ［'tʃɪlɪ］ *n.* 智利　Chilean ［'tʃɪlɪən］ *n.* 智利人

China 〔'tʃaɪnə〕 *n.* 中國

Chinese 〔tʃaɪ'niz, tʃaɪ'nis〕 *n.* 中國人；中文

C.I.S. 獨立國家國協

(Commonwealth of Independent States)

Cuba 〔'kjubə〕 *n.* 古巴　Cuban 〔'kjubən〕 *n.* 古巴人

Denmark 〔'dɛnmɑrk〕 *n.* 丹麥

Danish 〔'denɪʃ〕 *n.* 丹麥語　Dane 〔den〕 *n.* 丹麥人

☙　　　　　　　☙

Egypt 〔'idʒɪpt〕 *n.* 埃及

Egyptian 〔ɪ'dʒɪpʃən, i-〕 *n.* 埃及人

England 〔'ɪŋglənd〕 *n.* 英格蘭；英國

(= the United Kingdom)

English 〔'ɪŋglɪʃ〕 *n.* 英語

Englishman 〔'ɪŋglɪʃmən〕 *n.* 英國人

Ethiopia 〔,iθɪ'opɪə〕 *n.* 衣索比亞

Ethiopian 〔,iθɪ'opɪən〕 *n.* 衣索比亞人

Europe 〔'jʊrəp〕 *n.* 歐洲

European 〔,jʊrə'piən〕 *n.* 歐洲人

France 〔fræns〕 *n.* 法國

French 〔frɛntʃ〕 *n.* 法語　*adj.* 法國的

Frenchman 〔'frɛntʃmən〕 *n.* 法國人

Germany 〔'dʒɝmənɪ〕 *n.* 德國

German 〔'dʒɝmən〕 *n.* 德國人；德語

Greece 〔gris〕 *n.* 希臘
　Greek 〔grik〕 *n.* 希臘人；希臘語

Holland 〔'hɑlənd〕,
the Netherlands 〔'nɛðələndz〕
　n. 荷蘭　　Dutch 〔dʌtʃ〕,
　Dutchman 〔'dʌtʃmən〕 *n.* 荷蘭人

Hungary 〔'hʌŋgərɪ〕 *n.* 匈牙利
　Hungarian 〔hʌŋ'gɛrɪən〕 *n.* 匈牙利人〔語〕

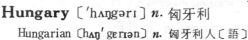

India 〔'ɪndɪə〕 *n.* 印度
　Indian 〔'ɪndɪən〕 *n.* 印度人；印第安人〔語〕

Indonesia 〔,ɪndo'niʒə,-ʃə〕 *n.* 印尼
　Indonesian 〔,ɪndo'niʃən,-ʒən〕 *n.* 印尼人〔語〕

Ireland 〔'aɪrlənd〕 *n.* 愛爾蘭
　Irish 〔'aɪrɪʃ〕 *n.* 愛爾蘭語　Irishman 〔'aɪrɪʃmən〕 *n.* 愛爾蘭人

Italy 〔'ɪtḷɪ〕 *n.* 義大利
　Italian 〔ɪ'tæljən〕 *n.* 義大利人〔語〕

Japan 〔dʒə'pæn, dʒæ-〕 *n.* 日本
　Japanese 〔,dʒæpə'niz〕 *n.* 日本人；日語

Korea 〔ko'riə〕 *n.* 韓國
　Korean 〔ko'riən〕 *n.* 韓國人；韓語

Malaysia 〔mə'leʒə,-ʒɪə〕 *n.* 馬來西亞
　Malay 〔mə'le〕 *n.* 馬來人〔語〕

Mexico 〔'mɛksɪ,ko〕 *n.* 墨西哥

    Mexican 〔'mɛksɪkən〕 *n.* 墨西哥人〔語〕

New Zealand 〔nju'zilənd〕 *n.* 紐西蘭

    New Zealander 〔nju'ziləndə〕 *n.* 紐西蘭人

Norway 〔'nɔrwe〕 *n.* 挪威

    Norwegian 〔nɔr'widʒən〕 *n.* 挪威人〔語〕

Pakistan 〔,pækɪ'stæn〕 *n.* 巴基斯坦

    Pakistani 〔,pækə'stænɪ〕 *n.* 巴基斯坦人

Poland 〔'polənd〕 *n.* 波蘭

    Polish 〔'polɪʃ〕 *n.* 波蘭語   Pole 〔pol〕 *n.* 波蘭人

Portugal 〔'pɔrtʃəgl̩,'pɔr-〕 *n.* 葡萄牙

    Portuguese 〔'pɔrtʃə,giz,'pɔr-〕 *n.* 葡萄牙人〔語〕

          ❀   ❀

Russia 〔'rʌʃə〕 *n.* 俄羅斯

    Russian 〔'rʌʃən〕 *n.* 俄羅斯人

Scotland 〔'skɑtlənd〕 *n.* 蘇格蘭

    Scotch 〔skɑtʃ〕 *n.* 蘇格蘭語

    Scotchman 〔'skɑtʃmən〕 *n.* 蘇格蘭人

Spain 〔spen〕 *n.* 西班牙

    Spanish 〔'spænɪʃ〕 *n.* 西班牙語

    Spaniard 〔'spænjəd〕 *n.* 西班牙人

Sri Lanka 〔ˌsrɪˈlæŋkə〕 *n.* 斯里蘭卡
　(= Ceylon 〔sɪˈlɑn〕)
　Singhalese 〔ˌsɪŋgəˈliz〕 *n.* 錫蘭人〔語〕
　Ceylonese 〔ˌsiləˈniz〕 *n.*, *adj.* 錫蘭人(的)

Sweden 〔ˈswidn̩〕 *n.* 瑞典
　Swedish 〔ˈswidɪʃ〕 *n.* 瑞典人〔語〕
　Swede 〔swid〕 *n.* 瑞典人

Switzerland 〔ˈswɪtsələnd〕 *n.* 瑞士
　Swiss 〔swɪs〕 *n.*, *adj.* 瑞士人(的)

　　　❈　　　　　　❈

Tanzania 〔ˌtænzəˈniə〕 *n.* 坦尚尼亞
　Tanzanian 〔ˌtænzəˈniən〕 *n.* 坦尚尼亞人

Thailand 〔ˈtailənd〕 *n.* 泰國
　Thai 〔tai〕 *n.* 泰國人；泰語
　Thailander 〔ˈtailəndə〕 *n.* 泰國人

Turkey 〔ˈtɜkɪ〕 *n.* 土耳其　Turkish 〔ˈtɜkɪʃ〕 *n.* 土耳其語
　Turk 〔tɜk〕 *n.* 土耳其人

Wales 〔welz〕 *n.* 威爾斯
　Welsh 〔welʃ, weltʃ〕 *n.* 威爾斯語
　Welshman 〔ˈwelʃmən, ˈweltʃmən〕 *n.* 威爾斯人

Yugoslavia 〔ˌjugoˈslɑviə〕 *n.* 南斯拉夫
　Yugoslav 〔ˈjugoˌslɑv, -ˌslæv〕 *n.* 南斯拉夫人
　(= Yugoslavian)

●經 濟

economy 〔ɪˊkɑnəmɪ , i- 〕 *n*. 經濟；節約
　economics 〔ˌikəˊnɑmɪks, ˌɛk- 〕 *n*. 經濟學
　economic *adj*. 經濟學的　economical *adj*. 經濟的；節省的

finance 〔ˊfaɪnæns,fəˊnæns〕 *n*. 財政
　financial 〔fəˊnænʃəl,faɪ- 〕 *adj*. 財政上的

industry 〔ˊɪndəstrɪ〕 *n*. 工業；勤勉
　industrial 〔ɪnˊdʌstrɪəl〕 *adj*. 工業（上）的
　industrious 〔ɪnˊdʌstrɪəs〕 *adj*. 勤勉的（＝diligent
　〔ˊdɪlədʒənt〕）

enterprise 〔ˊɛntɚˌpraɪz〕 *n*. 事業〔企業〕；進取心
　enterprising *adj*. 有進取心的　company *n*. 公司
　corporation 〔ˌkɔrpəˊreʃən〕*n*. 有限公司　firm *n*. 公司；商店

　　　　　　　🞵　　　　　　　　🞵

commerce 〔ˊkɑmɚs〕 *n*. 商業
　commercial 〔kəˊmɚʃəl〕 *adj*. 商業的

trade 〔tred〕 *n*. 貿易　*v*. 從事貿易

agriculture 〔ˊægrɪˌkʌltʃɚ〕 *n*. 農業
　agricultural 〔ˌægrɪˊkʌltʃərəl〕 *adj*. 農業的

current 〔ˊkɝənt〕 *adj*. 現行的；流通的　*n*. 氣流；趨勢
　currency *n*. 通貨

expense 〔ɪkˊspɛns〕 *n*. 經費；代價
　at the expense of 犧牲～

fund 〔fʌnd〕 *n.* 資金；基金

budget 〔ˈbʌdʒɪt〕 *n.* 預算

depression 〔dɪˈprɛʃən〕 *n.* 不景氣；蕭條

bankrupt 〔ˈbæŋkrʌpt〕 *n.* 破產者　*adj.* 破產的

bankruptcy 〔ˈbæŋkrʌptsɪ, -rəptsɪ〕 *n.* 破產

debt 〔dɛt〕 *n.* 債務　***be in debt*** 負債

loan 〔lon〕 *n.* 借款；融資　*v.* 借給（= lend）

labor 〔ˈlebɚ〕 *n.*, *v.* 勞動

laborious 〔ləˈborɪəs, -ˈbɔr-〕 *adj.* 辛苦的

toil 〔tɔɪl〕 *n.* 辛苦的工作

professional 〔prəˈfɛʃənḷ〕 *adj.* 職業的　*n.* 職業選手

amateur 〔ˈæmə,tʃʊr, -,tʊr〕 *adj.* 業餘的

wage 〔wedʒ〕 *n.* 〔～s〕工資（= pay）

salary 〔ˈsælərɪ〕 *n.* 薪資（常指勞心者，較長期的報酬）

fee 〔fi〕 *n.* （專家所收之）費用

❀　❀

income 〔ˈɪn,kʌm, ˈɪŋ,kʌm〕 *n.* 收入

outgo 〔ˈaʊt,go〕 *n.* 支出　***income tax*** 所得稅

reward 〔rɪˈwɔrd〕 *n.* 報酬　*v.* 酬謝

bonus 〔ˈbonəs〕 *n.* 紅利

profit 〔ˈprɑfɪt〕 *n.* （物質、金錢的）利益　*v.* 獲利

profitable *adj.* 有利的；有益的（= useful）

benefit 〔'bɛnəfɪt〕 *n.* (無形的)利益　*v.* 獲益
　　be of benefit to 有益於～
　　beneficial 〔,bɛnə'fɪʃəl〕 *adj.* 有益的 (= useful)
　　harmful *adj.* 有害的

advantage 〔əd'væntɪdʒ〕 *n.* 有利；優勢
　　take advantage of 利用～　disadvantage *n.* 不利
　　advantageous 〔,ædvən'tedʒəs〕 *adj.* 有利的

property 〔'prɑpətɪ〕 *n.* 財產
　　a man of property 有財產的人

treasure 〔'trɛʒə〕 *n.* 寶物　*v.* 珍視；珍藏
　　treasury 〔'trɛʒərɪ〕 *n.* 寶庫

sale 〔sel〕 *n.* 販賣；拍賣
　　for sale 出售　*on sale* 拍賣

❀　　　　　　　　❀

price 〔praɪs〕 *n.* 價格　*v.* 定價格
　　at any price 不惜任何代價　cost *n.* (貨物、服務之)代價
　　fare *n.* (交通工具的)費用　charge *n.* (服務所索取之)費用

value 〔'væljʊ〕 *n.* 價值；價格　*v.* 評價
　　of value 有價值　valuable *adj.* 有價值的

tax 〔tæks〕 *n.* 稅(金)　*v.* 課稅
　　direct 〔*indirect*〕 *taxes* 直接〔間接〕稅
　　taxation 〔tæks'eʃən〕 *n.* 課稅

efficient 〔ɪ'fɪʃənt,ə-〕 *adj.* 有效率的　efficiency *n.* 效率

expensive [ɪk'spɛnsɪv] *adj*. 昂貴的
cheap *adj*. 便宜的　dear *adj*.（比普通價格）昂貴的
costly *adj*. 昂貴的（由於稀少或珍貴）

prosperous ['prɑspərəs] *adj*. 繁榮的
prosperity [prɑs'pɛrətɪ] *n*. 繁榮　prosper *v*. 使繁榮

wealthy ['wɛlθɪ] *adj*. 富裕的　wealth *n*. 財富

---

produce [prə'djus] *v*. 生產
producer *n*.（戲劇的）製作人　product ['prɑdəkt] *n*. 產物
production [prə'dʌkʃən] *n*. 生產
productive [prə'dʌktɪv] *adj*. 生產的

manufacture [,mænjə'fæktʃɚ] *v*. 製造
n. 製造；[～s] 製品　manufacturer *n*. 製造業者

advertise ['ædvɚ,taɪz] *v*. 登廣告
advertisement [,ædvɚ'taɪzmənt] *n*. 廣告

exhibit [ɪg'zɪbɪt] *v*. 展示（＝display [dɪ'sple] *v*.）
exhibition [,ɛksə'bɪʃən] *n*. 展覽（會）

import [ɪm'port] *v*. 輸入 ['ɪmport] *n*. 輸入（品）

export [ɪks'port, 'ɛksport] *v*. 輸出
['ɛksport] *n*. 輸出（品）

guarantee [,gærən'ti] *v*. 保證　*n*. 保證（人）

cultivate 〔'kʌltə,vet〕 *v.* 耕作
cultivation 〔,kʌltə've∫ən〕 *n.* 耕作

consume 〔kən'sum,-'sjum〕 *v.* 消費
consumption 〔kən'sʌmp∫ən〕 *n.* 消費

waste 〔west〕 *v.* 浪費　*n.* 浪費；廢物
a waste basket 字紙簍

purchase 〔'pɝt∫əs,-ɪs〕 *v.* 購買 (= buy)
n. 購買；購得之物

earn 〔ɝn〕 *v.* 賺（錢）　earnings *n., pl.* 所得

✖　　　　　✖

employ 〔ɪm'plɔɪ〕 *v.* 雇用　employer *n.* 雇主
employee 〔,emplɔɪ'i〕 *n.* 員工；被雇者
employment *n.* 雇用；職業　unemployment *n.* 失業

dismiss 〔dɪs'mɪs〕 *v.* 解雇
(=discharge 〔dɪs't∫ardʒ〕) dismissal *n.* 解雇

resign 〔rɪ'zaɪn〕 *v.* 辭職
resignation 〔,rezɪg'ne∫ən〕 *n.* 辭職；辭呈

retire 〔rɪ'taɪr〕 *v.* 退休　retirement *n.* 退休
retiree 〔rɪ,taɪ'ri〕 *n.* 退休者

contract 〔'kɑntrækt〕 *v.* 訂立（契約）
n. 契約 (= agreement 〔ə'grimənt〕)

●軍　事

military 〔'mɪlə,tɛrɪ〕 *adj.* 軍事的

　militarism 〔'mɪlətə,rɪzəm〕 *n.* 軍國主義

defend 〔dɪ'fɛnd〕 *v.* 保衞　　defense 〔dɪ'fɛns〕 *n.* 防禦

　defensive *adj.* 防禦的　*national defense* 國防

protect 〔prə'tɛkt〕 *v.* 保護

　protection *n.* 保護　　protective *adj.* 保護的

guard 〔gɑrd〕 *v.* 守衞；警戒　　*n.* 護衞

　keep guard 守望；警戒

attack 〔ə'tæk〕 *v.,n.* 攻擊　　*under attack* 受攻擊

conquer 〔'kɔŋkə〕 *v.* 征服

　conquest 〔'kɑŋkwɛst〕 *n.* 征服

overcome 〔,ovə'kʌm〕 *v.* 擊敗；克服

defeat 〔dɪ'fit〕 *v.* 擊敗　　*n.* 敗北

invade 〔ɪn'ved〕 *v.* 侵略

　invasion 〔ɪn'veʒən〕 *n.* 侵犯

occupy 〔'ɑkjə,paɪ〕 *v.* 占據

　occupation 〔,ɑkjə'peʃən〕 *n.* 占據；占領

retreat 〔rɪ'trit〕 *v.,n.* 撤退

withdraw 〔wɪð'drɔ,wɪθ-〕 *v.* 撤退　withdrawal *n.* 撤退

bombard 〔bɑm'bɑrd〕 *v.* 砲轟
　bombardment *n.* 轟炸；砲擊

surrender 〔sə'rɛndɚ〕 *v.,n.* 投降
　surrender oneself to 耽於～

peace 〔pis〕 *n.* 和平　war *n.* 戰爭
　peaceful *adj.* 和平的

victory 〔'vɪktərɪ〕 *n.* 勝利　victor *n.* 勝利者
　victorious 〔vɪk'torɪəs,-rjəs〕 *adj.* 勝利的

triumph 〔'traɪəmf〕 *n.* (大)勝利　*v.* 獲勝(over)
　triumphant 〔traɪ'ʌmfənt〕 *adj.* 勝利的

soldier 〔'soldʒɚ〕 *n.* (陸軍)軍人
　sergeant 〔'sɑrdʒənt〕 *n.* (陸軍)中士
　officer 〔'ɔfəsɚ,'ɑf-〕 *n.* 軍官　general 〔'dʒɛnərəl〕 *n.* 將軍

❀　　　　　　❀

commander 〔kə'mændɚ〕 *n.* 指揮官
　commander in chief 總司令　command *v.* 命令；指揮

enemy 〔'ɛnəmɪ〕 *n.* 敵人　friend *n.* 朋友

weapon 〔'wɛpən〕 *n.* 武器
　arms 〔ɑrmz〕 *n.,pl.* ≪集合用法≫武器
　nuclear weapons 核子武器

battle 〔'bætḷ〕 *n.* 戰役
　war *n.* 戰爭(狀態)

bomb 〔bɑm〕 *n*. 炸彈　*v*. 轟炸

　an atomic〔*a hydrogen*〕*bomb* 原子彈〔氫彈〕

missile 〔'mɪsl̩〕 *n*. 飛彈

torpedo 〔tɔr'pido〕 *n*. 魚雷；水雷

mine 〔maɪn〕 *n*. 地雷

armament 〔'ɑrməmənt〕 *n*. 武器；〔-s〕軍備

　disarmament *n*. 解除武裝；裁軍

army 〔'ɑrmɪ〕 *n*. 軍隊；陸軍　　navy 〔'nevɪ〕 *n*. 海軍

　air force 空軍　　marine corps 〔mə'rin kɔrz〕 *n*. 海軍陸戰隊

tank 〔tæŋk〕 *n*. 坦克；戰車

fleet 〔flit〕 *n*. 艦隊

submarine 〔'sʌbmə,rin〕 *n*. 潛水艇

cruiser 〔'kruzɚ〕 *n*. 巡洋艦

strategy 〔'strætədʒɪ〕 *n*. 戰略；兵法

　strategical 〔strə'tidʒɪkl̩〕 *adj*. 戰略的

tactics 〔'tæktɪks〕 *n*. 戰術

　tactical 〔'tæktɪkl̩〕 *adj*. 戰術的

CHECK
T E S T · 5

1 配合題

I. 1. 戰役　　　（　　）　　　2. 利益　　　　（　　）

　　3. 特使　　　（　　）　　　4. 共和國　　（　　）

　　5. 政治的　　（　　）　　　6. 轟炸　　　（　　）

　　7. 價值　　　（　　）　　　8. 出口　　　（　　）

　　9. 保護　　　（　　）　　 10. 統治　　　（　　）

　 11. 獨立　　　（　　）　　 12. 財產　　　（　　）

　 13. 報酬　　　（　　）　　 14. 繁榮的　　（　　）

　 15. 投降　　　（　　）　　 16. 羨慕　　　（　　）

....

A. conquer　　　B. value　　　　C. independence
D. political　　 E. property　　 F. dominate
G. prosperous　 H. export　　　　I. commerce
J. import　　　　K. envoy　　　　L. reward
M. bombard　　　N. profit　　　　O. surrender
P. dependence　 Q. envy　　　　　R. battle
S. republic　　 T. protect　　　 U. wealthy

Ⅱ. 1. nationality ( )   2. consul ( )

3. immigrant ( )   4. resign ( )

5. advantage ( )   6. Australia ( )

7. expanse ( )   8. guarantee ( )

9. democracy ( )   10. purchase ( )

11. Belgium ( )   12. agriculture ( )

13. capitalism ( )   14. Swedish ( )

....

a. 富裕的	b. 農業	c. 退休	d. 優點
e. 移民	f. 奧地利	g. 國民	h. 比利時
i. 保證	j. 民主政治	k. 澳洲	l. 辭職
m. 領事	n. 購買	o. 耕作	p. 國籍
q. 經費	r. 資本主義	s. 瑞士的	t. 瑞典人

2 中翻英：

1. 軍事的 _____   2. 西班牙的 _____

3. 領土 _____   4. 預算 _____

5. 挪威 _____   6. 節省的 _____

7. 通貨（*n.*）_____   8. 失業（*n.*）_____

9. 荷蘭的 _____   10. 廣告（*v.*）_____

11. 效率 _____   12. 殖民地 _____

13. 破產的 _____   14. 艦隊 _____

15. 消費 (*n.*) _____   16. 革命 (*n.*) _____

17. 紅利 _____   18. 首都 _____

19. 財政上的 _____   20. 職業選手 _____

③ 英翻中：

1. industrious _____   2. submarine _____

3. statesman _____   4. conquest _____

5. triumph _____   6. exhibition _____

7. enterprising _____   8. Turkey _____

9. dismissal _____   10. debt _____

11. expensive _____   12. soldier _____

13. missile _____   14. candidate _____

15. liberty _____   16. Argentina _____

17. contract (*n.*) _____   18. government _____

19. frontier _____   20. earnings _____

4 翻譯填空：

trade control produce army
diplomat Africa incomes attacked

....

1. 這家工廠一天最多可生產一千雙鞋。

The factory can_____up to a thousand pair of shoes a day.

2. 大部分非洲地區仍是低度開發。

Most of_____is still underdeveloped.

3. 台灣目前和全世界大部分國家均有貿易往來。

Taiwan now conducts_____with most of the world.

4. 現在即使有兩份收入也很難使收支平衡。

It's hard to make ends meet today even with two_____.

5. 這個男孩被一群狗攻擊。

The boy was_____by a pack of dogs.

6. 湯姆十七歲便從軍。

Tom joined the_____when he was only seventeen.

Culture & Education

UNIT 6 文化・教育

●學術・教育

education 〔,ɛdʒə'keʃən〕 *n.* 教育

educate 〔'ɛdʒə,ket〕 *v.* 教育

educational 〔,ɛdʒə'keʃənḷ〕 *adj.* 教育上的

instruct 〔ɪn'strʌkt〕 *v.* 教授

instruction 〔ɪn'strʌkʃən〕 *n.* 教授；教育

instructive 〔ɪn'strʌktɪv〕 *adj.* 教育性的

discipline 〔'dɪsəplɪn〕 *n.* 訓練;風紀 *v.* 訓練;懲罰

lecture 〔'lɛktʃɚ〕 *n.* 講課 *v.* 講述

give 〔*deliver*〕 *a lecture on* 演講～

graduate 〔'grædʒʊ,et〕 *v.* 畢業

〔'grædʒʊɪt〕 *n.* 畢業生

graduation 〔,grædʒʊ'eʃən〕 *n.* 畢業

⌘ ⌘

diploma 〔dɪ'plomə〕 *n.* 畢業證書

degree 〔dɪ'gri〕 *n.* 學位

university 〔,junə'vɝsətɪ〕 *n.* 大學

college 〔'kɑlɪdʒ〕 *n.* 學院

educational system 教育制度

age
〔edʒ〕
n. 年齡

18 ----

15 ----

12 ---

6 ----

4 --

3 --

university
〔ˌjunə'vɝsətɪ〕 *n.* 大學

senior high school
〔'sinjɚ haɪ skul〕 *n.* 高中

junior high school
〔'dʒunjɚ haɪ skul〕 *n.* 國中

elementary school
〔ˌɛlə'mɛntərɪ skul〕 *n.* 小學

kindergarten
〔'kɪndɚˌgɑrtn̩〕 *n.* 幼稚園

nursery school
〔'nɝsərɪ skul〕 *n.* 托兒所

compulsory education
〔kəm'pʌlsərɪ ˌɛdʒə'keʃən〕
n. 義務教育

scholar〔'skɑlɚ〕*n.* 學者

　scholarship〔'skɑlɚ,ʃɪp〕*n.* 獎學金

professor〔prə'fɛsɚ〕*n.* 教授

laboratory〔'læb(ə)rə,torɪ〕*n.* 實驗室
（＝ lab〔læb〕）

dormitory〔'dɔrmə,torɪ〕*n.* 宿舍

grade〔gred〕*n.* 等級；年級

　gradual〔'grædʒuəl〕*adj.* 逐漸的

🦋　　　　　　　🦋

physics〔'fɪzɪks〕*n.* 物理學

　physical〔'fɪzɪkḷ〕*adj.* 物理學的；肉體的

geography〔dʒi'ɑgrəfɪ〕*n.* 地理學

　geographic(al)〔,dʒiə'græfɪk(ḷ)〕*adj.* 地理（學）的

astronomy〔ə'strɑnəmɪ〕*n.* 天文學

　astronomer〔ə'strɑnəmɚ〕*n.* 天文學家

　astronaut〔'æstrə,nɔt〕*n.* 太空人

geology〔dʒi'ɑlədʒɪ〕*n.* 地質學

　geological〔,dʒiə'lɑdʒɪkḷ〕*adj.* 地質學的

engineering〔,ɛndʒə'nɪrɪŋ〕*n.* 工程學

　engineer〔,ɛndʒə'nɪr〕*n.* 工程師

biology〔baɪ'ɑlədʒɪ〕*n.* 生物學

　biological〔,baɪə'lɑdʒɪkḷ〕*adj.* 生物學的

botany 〔'bɑtn̩ɪ〕 *n.* 植物學
botanical 〔bo'tænɪkl̩〕 *adj.* 植物（學）的
botanical garden 植物園

chemistry 〔'kɛmɪstrɪ〕 *n.* 化學
chemical 〔'kɛmɪkl̩〕 *adj.* 化學的

mathematics 〔,mæθə'mætɪks〕 *n.* 數學（=math）
mathematical 〔,mæθə'mætɪkl̩〕 *adj.* 數學的

geometry 〔dʒi'ɑmətrɪ〕 *n.* 幾何學
algebra 〔'ældʒəbrə〕 *n.* 代數學

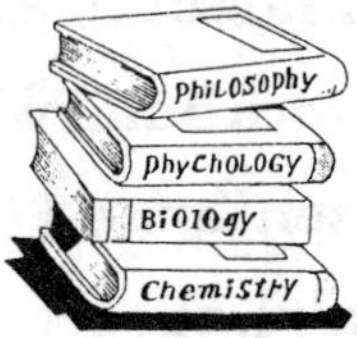

philosophy 〔fə'lɑsəfɪ〕 *n.* 哲學
philosopher 〔fə'lɑsəfɚ〕 *n.* 哲學家
philosophic(al) 〔,fɪlə'sɑfɪk(əl)〕 *adj.* 哲學的

psychology 〔saɪ'kɑlədʒɪ〕 *n.* 心理學
psychological 〔,saɪkə'lɑdʒɪkl̩〕 *adj.* 心理學的

logic 〔'lɑdʒɪk〕 *n.* 論理學；邏輯
logical 〔'lɑdʒɪkl̩〕 *adj.* 邏輯的
illogical 〔ɪ(l)'lɑdʒɪkl̩〕 *adj.* 不合邏輯的

materialism 〔mə'tɪrɪəl,ɪzəm〕 *n.* 物質主義;唯物論

utilitarianism 〔,jutɪlə'tɛrɪən,ɪzm̩〕 *n.* 功利主義
utilitarian 〔,jutɪlə'tɛrɪən〕 *adj.* 功利的 *n.* 功利主義者

humanism 〔'hjumən,ɪzəm〕 *n.* 人文主義
humanist 〔'hjumənɪst〕 *n.* 人文主義者

existentialism 〔ˌɛgzɪsˈtɛnʃəlɪzm̩, ˌɛksɪs-〕
n. 存在主義

existentialist 〔ˌɛgzɪsˈtɛnʃəlɪst, ˌɛksɪs-〕*n*. 存在主義者

●語言・表現

language 〔ˈlæŋgwɪdʒ〕 *n*. 語言

linguistic(al) 〔lɪŋˈgwɪstɪk(l̩)〕*adj*. 語言（學）的

dialect 〔ˈdaɪəˌlɛkt〕 *n*. 方言

vocabulary 〔vəˈkæbjəˌlɛrɪ, vo-〕 *n*. 字彙

sentence 〔ˈsɛntəns〕 *n*. 句子；判決　*v*. 判決

alphabet 〔ˈælfəˌbɛt〕 *n*. 字母

alphabetical 〔ˌælfəˈbɛtɪkl̩〕*adj*. 依字母順序的

translate 〔trænsˈlet, ˈtrænslet〕 *v*. 翻譯

translate A into B 把 A 譯成 B (= put A into B)
translation 〔trænsˈleʃən〕*n*. 翻譯

interpret 〔ɪnˈtɝprɪt〕 *v*. 口譯；解釋

interpretation 〔ɪnˌtɝprɪˈteʃən〕*n*. 口譯；解釋

express 〔ɪkˈsprɛs〕 *v*. 表達

expression 〔ɪkˈsprɛʃən〕*n*. 表現（法）
expressive 〔ɪkˈsprɛsɪv〕*adj*. 表現～的；富有表情的

describe 〔dɪˈskraɪb〕 *v*. 描述

description 〔dɪˈskrɪpʃən〕*n*. 描述
beyond description 難以形容

represent 〔,rɛprɪ'zɛnt〕 v. 象徵（＝stand for）；
代表　representation 〔,rɛprɪzɛn'teʃən〕 n. 表現
representative 〔,rɛprɪ'zɛntətɪv〕 adj. 代表的　n. 代表

pronounce 〔prə'naʊns〕 v. 發音；宣判
pronunciation 〔prə,nʌnsɪ'eʃən〕 n. 發音
pronounced 〔prə'naʊnst〕 adj. 明確的

imply 〔ɪm'plaɪ〕 v. 暗示
implication 〔,ɪmplɪ'keʃən〕 n. 暗示；含意

summary 〔'sʌmərɪ〕 n. 摘要　adj. 簡明的
summarize 〔'sʌmə,raɪz〕 v. 摘要

topic 〔'tɑpɪk〕 n. 話題（＝subject 〔'sʌbdʒɪkt〕）
topical 〔'tɑpɪkl̩〕 adj. 話題的；時事問題的

❧　　　　　　❧

theme 〔θim〕 n. 主題（＝subject）

accent 〔'æksɛnt〕 n. 重音；腔調
〔'æksɛnt, æk'sɛnt〕 v. 重讀

stress 〔strɛs〕 n. 重音（＝accent）；強調；壓迫
v. 強調；壓迫

emphasis 〔'ɛmfəsɪs〕 n. 強調
emphasize 〔'ɛmfə,saɪz〕 v. 強調

spell 〔spɛl〕 v. 拼字　spelling n. 拼字（法）

usage 〔'jusɪdʒ〕 n. 用法　use 〔juz〕 v. 使用

symbol 〔'sɪmbḷ〕 *n.* 象徵；符號
  symbolic(al) 〔sɪm'bɑlɪk(ḷ)〕 *adj.* 象徵的
  symbolize 〔'sɪmbḷˏaɪz〕 *v.* 象徵（＝stand for）

abstract 〔æb'strækt〕 *adj.* 抽象的 *v.* 摘要
  〔'æbstrækt〕 *n.* 抽象

concrete 〔'kɑnkrit, kɑn'krit〕 *adj.* 具體的

● 歷 史

primitive 〔'prɪmətɪv〕 *adj.* 原始的

ancient 〔'enʃənt〕 *adj.* 古代的 *n.* 〔the～s〕古人
  ancient civilization 古代文明

medieval 〔ˏmidɪ'ivḷ, ˏmɛd-〕 *adj.* 中古的；中世紀的

modern 〔'mɑdən〕 *adj.* 近代的；現代的

historical 〔hɪs'tɔrɪkḷ〕 *adj.* 歷史的；歷史上眞實的
  historic 〔hɪs'tɔrɪk〕 *adj.* 歷史上有名的
  history 〔'hɪstrɪ, 'hɪstərɪ〕 *n.* 歷史

prehistoric 〔ˏpriɪs'tɔrɪk, ˏprihɪs-〕 *adj.* 史前的

generation 〔ˏdʒɛnə'reʃən〕 *n.* 一代
  from generation to generation 代代相傳

origin 〔'ɔrədʒɪn, 'ɑr-〕 *n.* 起源
  original 〔ə'rɪdʒənḷ〕 *adj.* 最初的 *n.* 原作
  originality 〔əˏrɪdʒə'nælətɪ〕 *n.* 獨創力
  originate 〔ə'rɪdʒəˏnet〕 *v.* 創始；起源

slavery 〔'slevərɪ〕 *n*. 奴隸制度

　slave 〔slev〕 *n*. 奴隸

feudalism 〔'fjudḷˌɪzəm〕 *n*. 封建制度

　feudal 〔'fjudḷ〕 *adj*. 封建的

revive 〔rɪ'vaɪv〕 *v*. 復興；重振

　revival 〔rɪ'vaɪvḷ〕 *n*. 復活；復興

collapse 〔kə'læps〕 *v*., *n*. 崩潰；倒塌

extinct 〔ɪk'stɪŋkt〕 *adj*. 滅絕的

　an extinct 〔*active*〕 *volcano* 死〔活〕火山

monument 〔'mɑnjəmənt〕 *n*. 紀念碑

　monumental 〔ˌmɑnjə'mɛntḷ〕 *adj*. 紀念碑的；不朽的

ruin 〔'ruɪn, 'rɪuɪn〕 *n*. 廢墟　*v*. 毀滅

relics 〔'rɛlɪks〕 *n. pl*. 遺跡；廢墟

●藝　文

artistic 〔ɑr'tɪstɪk〕 *adj*. 藝術的

　artistically 〔ɑr'tɪstɪkḷɪ〕 *adv*. 藝術地

audience 〔'ɔdɪəns〕 *n*. 觀衆；聽衆

actor 〔'æktɚ〕 *n*. 演員　actress 〔'æktrɪs〕 *n*. 女演員

theater 〔'θiətɚ, 'θɪə-〕 *n*. 劇場

role 〔rol〕 *n*. 角色（＝part）

　play a role 〔*part*〕演出一個角色

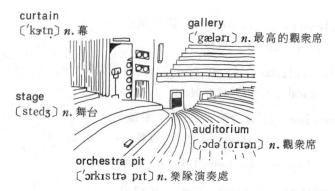

curtain
〔'kɝtn̩〕 n. 幕

gallery
〔'gælərɪ〕 n. 最高的觀眾席

stage
〔stedʒ〕 n. 舞台

auditorium
〔͵ɔdə'torɪən〕 n. 觀眾席

orchestra pit
〔'ɔrkɪstrə pɪt〕 n. 樂隊演奏處

compose 〔kəm'poz〕 v. 作曲；構成

composition 〔͵kɑmpə'zɪʃən〕 n. 作曲；作文

design 〔dɪ'zaɪn〕 n. 設計　v. 計畫；設計

designer n. 設計師

musical 〔'mjuzɪkl̩〕 adj. 音樂的　n. 音樂劇

musical instruments 樂器

drama 〔'dræmə, 'drɑmə〕 n. 戲劇

dramatist 〔'dræmətɪst〕 n. 劇作家
dramatic 〔drə'mætɪk〕 adj. 戲劇性的

tragedy 〔'trædʒədɪ〕 n. 悲劇

tragic 〔'trædʒɪk〕 adj. 悲劇的

comedy 〔'kɑmədɪ〕 n. 喜劇

comic 〔'kɑmɪk〕 adj. 喜劇的　n. 連環漫畫

hero 〔'hɪro〕 n. 英雄；(小說、戲劇、史詩中之)男主角

heroine 〔'hɛro·ɪn〕 n. 女英雄；女主角

museum [mjuˈziəm,-ˈzɪəm] *n.* 博物館

 an art museum 美術館

gallery [ˈgælərɪ] *n.* 畫廊；美術館

   ✂   ✂

literature [ˈlɪtərətʃə] *n.* 文學

 literary [ˈlɪtə,rɛrɪ] *adj.* 文學的
 literal [ˈlɪtərəl] *adj.* 按字面的

novel [ˈnɑvḷ] *n.* 小說　*adj.* 新奇的

 novelty [ˈnɑvḷtɪ] *n.* 新奇

fiction [ˈfɪkʃən] *n.* 小說；虛構的故事

 nonfiction [nɑnˈfɪkʃən] *n.* 非小說（傳記、歷史等現實事
 件之紀錄）

prose [proz] *n.* 散文　　verse [vɝs] *n.* 韻文；詩歌

essay [ˈɛsɪ, ˈɛse] *n.* 隨筆

biography [baɪˈɑgrəfɪ] *n.* 傳記

autobiography [,ɔtəbaɪˈɑgrəfɪ] *n.* 自傳

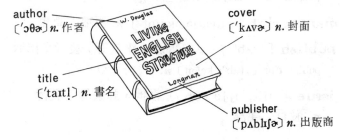

author
[ˈɔθə] *n.* 作者

title
[ˈtaɪtḷ] *n.* 書名

cover
[ˈkʌvə] *n.* 封面

publisher
[ˈpʌblɪʃə] *n.* 出版商

W. Douglas
LIVING ENGLISH STRUCTURE
Longman

memoirs 〔ˈmɛmwɑrz, -wɔrz〕 *n*. 回憶錄

poem 〔ˈpo·ɪm, -əm〕 *n*. 詩   poet 〔ˈpo·ɪt, -ət〕 *n*. 詩人
   poetic 〔poˈɛtɪk〕 *adj*. 詩的
   poetry 〔ˈpo·ɪtrɪ, -ətrɪ〕 *n*. 《集合用法》詩

epic 〔ˈɛpɪk〕 *n*. 史詩

lyric 〔ˈlɪrɪk〕 *n*. 抒情詩
   lyrical 〔ˈlɪrɪkl̩〕 *adj*. 詩般的；誇大情感的

tale 〔tel〕 *n*. 故事   *fairy tales* 童話

romantic 〔roˈmæntɪk〕 *adj*. 傳奇的；浪漫的
   romance 〔rəˈmæns, ˈromæns〕 *n*. 冒險故事；愛情故事

legend 〔ˈlɛdʒənd〕 *n*. 傳說   myth 〔mɪθ〕 *n*. 神話

❈   ❈

proverb 〔ˈprɑvɝb〕 *n*. 諺語（＝saying）

epigram 〔ˈɛpə,græm〕 *n*. 雋語；諷刺詩

volume 〔ˈvɑljəm〕 *n*. 卷；冊
   a book in 3 volumes 分爲三冊的書

manuscript 〔ˈmænjə,skrɪpt〕 *n*. 原稿；草稿

publish 〔ˈpʌblɪʃ〕 *v*. (書籍、雜誌等) 發行；出版
   publication 〔,pʌblɪˈkeʃən〕 *n*. 發行；出版

issue 〔ˈɪʃʊ, ˈɪʃjʊ〕 *v*. (報紙、郵票等) 發行
   n. 發行；爭論

edition 〔ɪˈdɪʃən〕 *n*. (同版印出的)全部發行量；～版
the first edition 初版

quote 〔kwot〕 *v*. 引用　　quotation〔kwoˈteʃən〕*n*. 引用

anecdote 〔ˈænɪkˌdot〕 *n*. 軼事

printed matter 印刷品

paperback 〔ˈpepɚˌbæk〕 *n*. 平裝書　*adj*. 平裝的
hardcover〔ˈhɑrdˈkʌvɚ〕*n*. 精裝書　*adj*. 精裝的

best seller〔ˈbɛstˈsɛlɚ〕*n*. 暢銷書 (歌曲等)

encyclopedia 〔ɪnˌsaɪkləˈpidɪə〕*n*. 百科全書

almanac 〔ˈɔlməˌnæk〕 *n*. 年鑑

dictionary 〔ˈdɪkʃənˌɛrɪ〕 *n*. 辭典；字典

periodical 〔ˌpɪrɪˈɑdɪkḷ〕 *n*. 定期刊物

❀　　　　　　　　❀

magazine 〔ˌmægəˈzin, ˈmægəˌzin〕 *n*. 雜誌
weekly〔ˈwiklɪ〕*n*. 週刊；週報
quarterly〔ˈkwɔrtəlɪ〕*n*. 季刊 (每三個月出版一次之刊物)
monthly〔ˈmʌnθlɪ〕*n*. 月刊

reference 〔ˈrɛfərəns〕 *n*. 參照；參考書
refer〔rɪˈfɝ〕*v*. 參考；查詢

index 〔ˈɪndɛks〕 *n*. 索引

appendix 〔əˈpɛndɪks〕 *n*. 附錄
supplement〔ˈsʌpləmənt〕*n*. 附刊；增刊；補遺

bibliography 〔ˌbɪblɪ'ɑgrəfɪ〕 *n.* 參考書目;作品目錄

revision 〔rɪ'vɪʒən〕 *n.* 校訂;改訂本

　revise 〔rɪ'vaɪz〕 *v.* 校訂;校對

● 道德・宗教

moral 〔'mɔrəl〕 *adj.* 道德的　　*n.* 教訓

　immoral 〔ɪ'mɔrəl〕 *adj.* 不道德的

　morality 〔mɔ'rælətɪ〕 *n.* 道德

duty 〔'djutɪ〕 *n.* 義務;職務

　on 〔*off*〕*duty* 值班〔不值班〕

responsibility 〔rɪ,spɑnsə'bɪlətɪ〕 *n.* 責任

　responsible 〔rɪ'spɑnsəbḷ〕 *adj.* 負責任的

conscience 〔'kɑnʃəns〕 *n.* 良心

　conscientious 〔ˌkɑnʃɪ'ɛnʃəs〕 *adj.* 有良心的

justice 〔'dʒʌstɪs〕 *n.* 正義;公平

　do justice to ⋯ 公平對待～ (= *do* ⋯ *justice*)

　justify 〔'dʒʌstə,faɪ〕 *v.* 證明為正當

　justification 〔ˌdʒʌstəfə'keʃən〕 *n.* 辯護

fair 〔fɛr〕 *adj.* 公平的　　fairly *adv.* 公平地

virtue 〔'vɜtʃʊ〕 *n.* 美德

　vice 〔vaɪs〕 *n.* 邪惡　　virtuous 〔'vɜtʃʊəs〕 *adj.* 有道德的

principle 〔'prɪnsəpḷ〕 *n.* 原理;主義　*on principle* 基於原則

　principal 〔'prɪnsəpḷ〕 *adj.* 主要的　　*n.* 校長

wrong [rɔŋ] *adj.* 惡的；錯誤的　*n.* 不正

be in the wrong 錯誤的

right [raɪt] *adj.* 正當的；正確的　*n.* 正義

know right from wrong 明辨是非

evil [ˈivḷ] *adj.* 邪惡的　*n.* 邪惡

do evil 作惡

sin [sɪn] *n.* （宗教上的）罪

crime [kraɪm] *n.* （法律上的）罪

punish [ˈpʌnɪʃ] *v.* 處罰　punishment *n.* 處罰

religion [rɪˈlɪdʒən] *n.* 宗教；信仰

religious [rɪˈlɪdʒəs] *adj.* 宗教的；虔誠的

superstition [ˌsupɚˈstɪʃən] *n.* 迷信

superstitious [ˌsupɚˈstɪʃəs] *adj.* 迷信的

miracle [ˈmɪrəkḷ] *n.* 奇蹟

miraculous [məˈrækjələs] *adj.* 奇蹟的

worship [ˈwɝʃəp] *n., v.* 崇拜

worshipful *adj.* 值得崇拜的

faith [feθ] *n.* 信仰；信任；忠實

faithful *adj.* 忠實的

pray [pre] *v.* 祈禱

prayer [prer] *n.* 祈禱　[ˈpre·ɚ] *n.* 祈禱者

curse 〔kɝs〕 *n., v.* 詛咒

blessing 〔'blɛsɪŋ〕 *n.* 祝福；恩賜

　bless 〔blɛs〕 *v.* 祝福

broomstick
〔'brum,stɪk〕
n. 掃帚柄

holy 〔'holɪ〕 *adj.* 神聖的

sacred 〔'sekrɪd〕 *adj.* 神聖的

divine 〔də'vaɪn〕 *adj.* 神的；神聖的

　divinity 〔də'vɪnətɪ〕 *n.* 神；神話

sacrifice 〔'sækrə,faɪs〕 *n., v.* 犧牲

pious 〔'paɪəs〕 *adj.* 虔誠的

　piety 〔'paɪətɪ〕 *n.* 虔敬

witch 〔wɪtʃ〕 *n.* 巫婆　　wizard 〔'wɪzəd〕 *n.* 男巫

ghost 〔gost〕 *n.* 鬼　　ghostly *adj.* 像鬼的

fairy 〔'fɛrɪ〕 *n.* 小仙子　　*fairy tale* 童話

magic 〔'mædʒɪk〕 *n.* 魔法　　*adj.* 魔術的

　magician 〔mə'dʒɪʃən〕 *n.* 魔術師

❀　　　　　　　❀

Christianity 〔,krɪstʃɪ'ænətɪ, krɪs'tʃænətɪ〕 *n.* 基督教

　Christ 〔kraɪst〕 *n.* 基督

　Christian 〔'krɪstʃən〕 *n.* 基督徒　　*adj.* 基督的

Buddhism 〔'budɪzəm〕 *n.* 佛教

　Buddhist 〔'budɪst〕 *n.* 佛教徒　　*adj.* 佛的

　Buddha 〔'budə〕 *n.* 佛

Catholicism [kəˈθɑləˌsɪzəm] *n*. 天主教
　　Catholic [ˈkæθəlɪk] *n*. 天主教徒　*adj*. 天主教的

Protestantism [ˈprɑtɪstəntˌɪzm̩] *n*. 基督新教
　　Protestant [ˈprɑtɪstənt] *n*. 新教徒

Islam [ˈɪsləm, ɪsˈlɑm] *n*. 伊斯蘭教；回教
　　Islamic [ɪsˈlæmɪk] *adj*. 回教的
　　Muslim [ˈmʌzləm, ˈmʊs-] *n*. 回教徒

　　　　　　🦋　　　　　　　　🦋

pope [pop] *n*. 教皇　　papal [ˈpepl̩] *adj*. 羅馬教皇的

archbishop [ˈɑrtʃˈbɪʃəp] *n*. 總主教

minister [ˈmɪnɪstɚ] *n*. 牧師

priest [prist] *n*. 牧師；神父

monk [mʌŋk] *n*. 僧人
　　nun [nʌn] *n*. 修女；尼姑

church [tʃɝtʃ] *n*. 教堂
　　churchyard [ˈtʃɝtʃˌjɑrd] *n*. 教堂之墓地

cathedral [kəˈθidrəl] *n*. 大教堂

chapel [ˈtʃæpl̩] *n*. 小禮拜堂

temple [ˈtɛmpl̩] *n*. 寺廟

shrine [ʃraɪn] *n*. 神龕；祠；聖地

mass [mæs, mɑs] *n*. 彌撒

sermon 〔'sɜmən〕 *n.* 講道

baptism 〔'bæptɪzəm〕 *n.* 浸禮；洗禮
  baptize 〔bæp'taɪz〕 *v.* 施洗禮；行浸禮

cross 〔krɔs〕 *n.* 十字架

● 新　聞

newspaper 〔'njuz,pepɚ, 'njus-, 'nu-〕 *n.* 報紙
  a daily 〔*weekly*〕 *newspaper* 日〔週〕報

mass media 大衆傳播媒體

tabloid 〔'tæblɔɪd〕 *n.* 小型報；摘要

press 〔prɛs〕 *n.* 報紙；雜誌
  press conference 記者招待會

headline 〔'hɛd,laɪn〕 *n.* 報紙標題；新聞提要
  caption 〔'kæpʃən〕 *n.* 標題；電影字幕

column 〔'kɑləm〕 *n.* 報紙上的一欄；專欄文章

editorial 〔,ɛdə'torɪəl, -'tɔr-〕 *n.* 社論

feature 〔'fitʃɚ〕 *n.* 特寫；特別報導

profile 〔'profaɪl〕 *n.* 人物簡介

interview 〔'ɪntɚ,vju〕 *n.* 訪問

review 〔rɪ'vju〕 *n.*, *v.* 評論；複習
  book review 書評

advertisement 〔,ædvə'taɪzmənt, əd'vɝtɪzmənt 〕
　n. 廣告
　advertise 〔'ædvə,taɪz,, ædvə'taɪz 〕 *v.* 刊登廣告

follow-up 〔'fɑlo,ʌp,'fɑlə,wʌp 〕 *n.* 追踪報導

reporter 〔rɪ'pɔrtə 〕 *n.* 記者；採訪員

journalist 〔'dʒɝnḷɪst 〕 *n.* 新聞記者
　journal 〔'dʒɝnḷ 〕 *n.* 報紙；雜誌

correspondent 〔,kɔrə'spɑndənt 〕 *n.* 通訊記者

legman 〔'lɛgmən 〕 *n.* 外勤記者；跑新聞的人

circulation 〔,sɝkjə'leʃən 〕 *n.* 銷售量
　circulate 〔'sɝkjə,let 〕 *v.* 流通；傳布

　　　　　　✂　　　　　　　✂

contributor 〔kən'trɪbjətə 〕 *n.* 投稿者
　contribute 〔kən'trɪbjut 〕 *v.* 投稿

subscribe 〔səb'skraɪb 〕 *v.* 訂閱
　subscription 〔səb'skrɪpʃən 〕 *n.* 訂閱
　subscription fee 報費；訂閱費

kiosk 〔kɪ'ɑsk,'kaɪɑsk 〕 *n.* 報攤
　(= newsstand 〔'njuz,stænd 〕)

newsboy 〔'njuz,bɔɪ 〕 *n.* 報童；送報的人
　newsman *n.* 送報人；新聞記者

news agency 通訊社

Central News Agency 中央通訊社（CNA）

United Press International 美國合衆國際社（UPI）

Agence France Presse 法新社（AFP）

Associated Press 美聯社（AP）

New China News Agency 新華社

Tass 塔斯社

Reuters 〔'rɔɪtɚz〕 *n.* 路透社

CHECK
T E S T · 6

1 配合題

I. 1. 專欄　　　（　　） 2. 觀眾席　　　（　　）

3. 女英雄　　（　　） 4. 諺語　　　（　　）

5. 忠實　　　（　　） 6. 地理學　　（　　）

7. 教授　　　（　　） 8. 主題　　　（　　）

9. 神聖的　　（　　） 10. 良心　　　（　　）

11. 牧師　　　（　　） 12. 歷史的　　（　　）

13. 復興　　　（　　） 14. 翻譯　　　（　　）

15. 中古的　　（　　） 16. 幾何學　　（　　）

....

A. proverb　　　B. conscience　　C. instruction
D. monk　　　　E. holy　　　　　F. historical
G. conscious　　H. feature　　　　I. medieval
J. minister　　　K. heroine　　　　L. geometry
M. auditorium　　N. heroin　　　　O. revival
P. faith　　　　Q. geography　　　R. translate
S. theme　　　　T. headline　　　　U. virtue

Ⅱ. 1. revision （　） 2. baptism （　）

3. correspondent （　） 4. cathedral （　）

5. composition （　） 6. reference （　）

7. monument （　） 8. principle （　）

9. biography （　） 10. publication （　）

11. abstract （　） 12. miracle （　）

13. piety （　） 14. represent （　）

....

a. 設計	b. 參考	c. 大教堂	d. 紀律
e. 虔敬	f. 作曲	g. 傳記	h. 紀念碑
i. 自傳	j. 洗禮	k. 邪惡	l. 校訂
m. 暗示	n. 抽象的	o. 奇蹟	p. 主義
q. 通信記者	r. 美德	s. 表現	t. 出版

2 **中翻英：**

1. 史詩 ＿＿＿＿＿ 2. 按字母順序的＿＿＿＿

3. 新奇 (*n.*) ＿＿＿＿ 4. 祈禱 (*n.*) ＿＿＿＿

5. 教育 (*n.*) ＿＿＿＿ 6. 草稿 ＿＿＿＿＿

7. 索引 ＿＿＿＿＿ 8. 發音 (*n.*) ＿＿＿＿

9. 摘要 (*n.*) ＿＿＿＿ 10. 實驗室 ＿＿＿＿＿

11. 浪漫的 _____   12. 道德的 _____

13. 象徵的 _____   14. 奴隸制度 _____

15. 訂閱 (*v.*) _____   16. 魔術師 _____

17. 畢業 (*v.*) _____   18. 邏輯 _____

19. 迷信 _____   20. 社論 _____

③ 英翻中：

1. quotation _____   2. implication _____

3. sacrifice _____   4. ruins _____

5. catholicism _____   6. anecdote _____

7. emphasis _____   8. punishment _____

9. curse _____   10. concrete (*adj.*) _____

11. legend _____   12. justice _____

13. bestseller _____   14. dramatist _____

15. temple _____   16. tragic _____

17. encyclopedia _____   18. bless _____

19. primitive _____   20. circulation _____

4 翻譯填空：

> describe   modern   church   dormitories
> dialect   journalist   accent   original

1. 這所大學裏有許多學生住宿舍。

Many students in this college live in_____.

2. 你能描述一下搶你的那個人嗎？

Can you_____the man who robbed you？

3. 你可以由一個人說話的腔調辨認他是從何處來。

You can find out where a man is from by his

_____.

4. 這幅原畫被保存在儲藏室裏。

The_____painting is being kept in the vault.

5. 麥克每個星期日都上教堂。

Mike goes to_____every Sunday.

6. 記者的工作就是要報導社會上每天發生的事。

The work of a_____is to record the
day-to-day events of society.

Science & Technology

UNIT 7 科技

●科 技

technology 〔tɛk'nɑlədʒɪ〕 *n.* 科學技術

technologic(al) 〔,tɛknə'lɑdʒɪk(l̩)〕 *adj.* 科學技術的

technical 〔'tɛknɪkl̩〕 *adj.* 工藝的；專門技術的

technique 〔tɛk'nik〕 *n.* 技術；技巧

devise 〔dɪ'vaɪz〕 *v.* 設計；發明

device 〔dɪ'vaɪs〕 *n.* 裝置

invent 〔ɪn'vɛnt〕 *v.* 發明

discover 〔dɪ'skʌvɚ〕 *v.* 發現

invention 〔ɪn'vɛnʃən〕 *n.* 發明（品）

✥ ✥

experiment 〔ɪk'spɛrəmənt〕 *n.*, *v.* 實驗

experimental 〔ɪk,spɛrə'mɛntl̩〕 *adj.* 實驗的

mechanical 〔mə'kænɪkl̩〕 *adj.* 機械的

mechanic 〔mə'kænɪk〕 *n.* 技工

mechanics 〔mə'kænɪks〕 *n.* 機械學

mechanism 〔'mɛkə,nɪzəm〕 *n.* 機械裝置

electric 〔ɪˈlɛktrɪk, ə-〕 *adj.* 電的

electricity 〔ɪ‚lɛkˈtrɪsətɪ, ə-〕 *n.* 電

electronic 〔ɪ‚lɛkˈtrɑnɪk, ə-〕 *adj.* 電子的

electronics 〔ɪ‚lɛkˈtrɑnɪks,ə-〕 *n.* 電子學

function 〔ˈfʌŋkʃən〕 *n.* 機能   *v.* 有效用

analysis 〔əˈnæləsɪs〕 *n.* 分析

≪*pl.*≫ analyses 〔əˈnæləsiz〕

analyze 〔ˈænḷ‚aɪz〕 *v.* 分析

method 〔ˈmɛθəd〕 *n.* 方法

methodical 〔məˈθɑdɪkḷ〕 *adj.* 有方法的

medium 〔ˈmidɪəm〕 *n.* 媒體；媒介

≪*pl.*≫ media 〔ˈmidɪə〕 *adj.* 中間的

✄   ✄

factor 〔ˈfæktɚ〕 *n.* 因素

fact 〔fækt〕 *n.* 事實

strength 〔strɛŋ(k)θ〕 *n.* 力

the strength of will 意志力   strong 〔strɔŋ〕 *adj.* 強的

strengthen 〔ˈstrɛŋθən〕 *v.* 加強；強化

power 〔ˈpaʊɚ〕 *n.* 力；權力

powerful *adj.* 有力的

energy 〔ˈɛnədʒɪ〕 *n.* 能量

energetic 〔‚ɛnɚˈdʒɛtɪk〕 *adj.* 精力充沛的

skill 〔skɪl〕 *n*. 技術　skillful *adj*. 熟練的

heat 〔hit〕 *n*. 熱　　*v*. 發熱

atom 〔'ætəm〕 *n*. 原子
　　atomic 〔ə'tɑmɪk〕 *adj*. 原子的

nuclear 〔'njuklɪə〕 *adj*. 原子核的
　　nuclear weapons 核子武器

focus 〔'fokəs〕 *n*. 焦點　　*v*. 集中

● 機械・建築

instrument 〔'ɪnstrəmənt〕 *n*.（精密工作的）儀器；
　　樂器　　implement 〔'ɪmpləmənt〕*n*.（泛指各種的）工具
　　tool 〔tul〕 *n*.（用手使用的）工具

computer 〔kəm'pjutə〕 *n*. 電子計算機；電腦

microscope 〔'maɪkrə,skop〕 *n*. 顯微鏡
　　telescope 〔'tɛlə,skop〕 *n*. 望遠鏡

thermometer 〔θə'mɑmətə〕 *n*. 溫度計
　　a clinical thermometer 體溫計

switch 〔swɪtʃ〕 *n*. 轉變　　*v*. 開通或關閉電流
　　switch… on〔*off*〕扭開〔閉〕~

architecture 〔'ɑrkə,tɛktʃə〕 *n*. 建築
　　architect 〔'ɑrkə,tɛkt〕 *n*. 建築師

structure 〔'strʌktʃə〕 *n*. 建築物；結構　　*v*. 建造

building 〔'bɪldɪŋ〕 *n*. 建築物

construct 〔kən'strʌkt〕 *v*. 組成

  constructive 〔kən'strʌktɪv〕 *adj*. 建設的

  construction 〔kən'strʌkʃən〕 *n*. 建設

● **通·訊**

communicate 〔kə'mjunə͵ket〕 *v*. 通信；傳達

  communication *n*. 傳達；通信

  mass communication 大眾傳播

broadcast 〔'brɔd͵kæst〕 *v*.,*n*. 廣播

journal 〔'dʒɝnḷ〕 *n*. 日記（比 diary 〔'daɪərɪ〕更具文學性）

  journalist 〔'dʒɝnḷɪst〕 *n*. 新聞記者

  journalism 〔'dʒɝnḷ͵ɪzəm〕 *n*. 新聞學

correspond 〔͵kɔrə'spɑnd〕 *v*. 通信；一致；符合

  （＝agree *v*. 符合；一致）

  correspondence 〔͵kɔrə'spɑndəns〕 *n*. 通信；一致

  correspondent 〔͵kɔrə'spɑndənt〕 *n*. 通信者；特派員

message 〔'mɛsɪdʒ〕 *n*. 消息；音信

signal 〔'sɪgnḷ〕 *n*. 信號   *v*. 作信號

  a traffic signal 交通號誌

        ❀   ❀

telephone 〔'tɛlə͵fon〕 *n*. 電話   *v*. 打電話（＝phone）

  speak on 〔*over*〕 *the telephone* 用電話通話

directory 〔dəˈrɛktərɪ, daɪ-〕 *n.* 電話簿

Yellow Pages 分類電話簿

operator 〔ˈɑpəˌretə〕 *n.* 接線生

receiver 〔rɪˈsivə〕 *n.* 受話器

dial 〔daɪəl〕 *n.* (電話的)撥號盤　*v.* 打電話

token 〔ˈtokən〕 *n.* 代幣

telegram 〔ˈtɛləˌgræm〕 *n.* 電報
　send a telegram 發電報

facsimile 〔fækˈsɪməlɪ〕 *n.* 無線電傳眞（裝置）
　（＝ fax 〔fæks〕）

❀　　　　　　　❀

mail 〔mel〕 *n.* 郵件　*v.* 郵寄（＝《英》post）
　air mail 航空郵件　　*surface mail* 普通郵件
　registered mail 掛號郵件

parcel 〔ˈpɑrsḷ〕 *n.* 小包

stamp 〔stæmp〕 *n.* 郵票

postage 〔ˈpostɪdʒ〕 *n.* 郵資；郵費

address 〔əˈdrɛs, ˈædrɛs〕 *n.* 住址
　addressee 〔ˌædrɛsˈi〕 *n.* 收件人
　addresser 〔əˈdrɛsə〕 *n.* 發信人

zip code 〔ˈzɪp kod〕 *n.* 郵遞區號

envelope 〔'ɛnvə,lop〕 *n.* 信封

enclosure 〔ɪn'kloʒə〕 *n.* 附寄物；附件

   enclose 〔ɪn'kloz〕 *v.* 附寄

postscript 〔'pos·skrɪpt,'post-〕 *n.* 附記
（略作 p.s.）

● 運　輸

transport 〔træns'port,-'port〕 *v.* 運輸

   transportation 〔,trænspə'teʃən〕 *n.* 運輸

vehicle 〔'viɪkl, 'viəkl〕 *n.* 交通工具；車

convey 〔kən've〕 *v.* 運送（=carry）；傳達

   conveyance 〔kən'veəns〕 *n.* 運輸；傳達

deliver 〔dɪ'lɪvə〕 *v.* 遞送

   delivery 〔dɪ'lɪvərɪ〕 *n.* 遞送

traffic 〔'træfɪk〕 *n.* 交通

   traffic regulations 交通規則

passage 〔'pæsɪdʒ〕 *n.* 通行

   passenger 〔'pæsn̩dʒə〕 *n.* 乘客

navigate 〔'nævə,get〕 *v.* 駕駛；航行

   navigation 〔,nævə'geʃən〕 *n.* 航海；航行

   navigator 〔'nævə,getə〕 *n.* 航海者

load 〔lod〕 *n.* 負荷　*v.* 裝載

burden 〔'bɝdn̩〕 *n.* 負擔 *v.* 使負擔

cargo 〔'kɑrgo〕 *n.* 貨物

canal 〔kə'næl〕 *n.* 運河

the Panama Canal 巴拿馬運河

fare 〔fɛr〕 *n.* 車費；船費

a single 〔*return*〕 *fare* 單程〔來回〕票價

conductor 〔kən'dʌktɚ〕 *n.* 車掌；指導者

conduct 〔kən'dʌkt〕 *v.* 引導；指導

porter 〔'portɚ, 'pɔr-〕 *n.* 脚夫；挑夫

transfer 〔træns'fɝ〕 *v.* 換車；轉移

〔'trænsfɝ〕 *n.* 換車；轉移

sedan 〔sɪ'dæn〕 *n.* 轎車

coupe 〔kup〕 *n.* 雙門雙座小汽車

limousine 〔'lɪmə,zin, ,lɪmə'zin〕

n. 機場之小型巴士；高級轎車

van 〔væn〕 *n.* 有蓋貨車

compact 〔'kɑmpækt〕 *n.* 小型汽車

sub-compact 〔səb'kɑm,pækt〕 *n.* 比 compact 更小型的車

convertible 〔kən'vɝtəbl̩〕 *n.* 敞篷車

rent-a-car 出租汽車

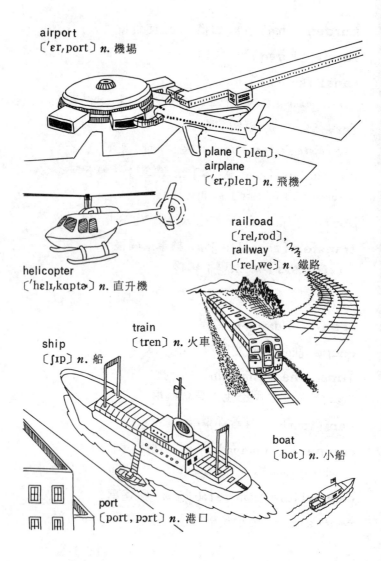

airport
〔'ɛr,port〕 *n.* 機場

plane〔plen〕,
airplane
〔'ɛr,plen〕 *n.* 飛機

helicopter
〔'hɛlɪ,kɑptɚ〕 *n.* 直升機

railroad
〔'rel,rod〕,
railway
〔'rel,we〕 *n.* 鐵路

train
〔tren〕 *n.* 火車

ship
〔ʃɪp〕 *n.* 船

boat
〔bot〕 *n.* 小船

port
〔port, pɔrt〕 *n.* 港口

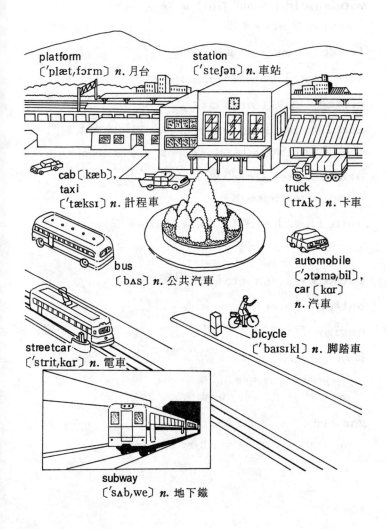

platform
〔'plæt,fɔrm〕 n. 月台

station
〔'steʃən〕 n. 車站

cab〔kæb〕,
taxi
〔'tæksɪ〕 n. 計程車

truck
〔trʌk〕 n. 卡車

bus
〔bʌs〕 n. 公共汽車

automobile
〔'ɔtəmə,bil〕,
car〔kɑr〕
n. 汽車

streetcar
〔'strit,kɑr〕 n. 電車

bicycle
〔'baɪsɪkl̩〕 n. 腳踏車

subway
〔'sʌb,we〕 n. 地下鐵

windshield 〔'wɪnd‚ʃild〕 *n.* 擋風玻璃

　windshield wiper 雨刷

trunk 〔trʌŋk〕 *n.* 車後行李箱

tire 〔taɪr〕 *n.* 輪胎　*flat tire* 爆胎

clutch 〔klʌtʃ〕 *n.* 離合器

accelerator 〔æk'sɛlə‚retə〕 *n.* 加速踏板；油門

　accelerate 〔æk'sɛlə‚ret〕 *v.* 加速

brake 〔brek〕 *n.* 煞車

　put on the brake 煞車

horn 〔hɔrn〕 *n.* 喇叭　　*honk the horn* 按喇叭

　　　　　　　　❀　　　　　　　　❀

radiator 〔'redɪ‚etə〕 *n.* 引擎冷却器

battery 〔'bætərɪ〕 *n.* 電池；電瓶

engine 〔'ɛndʒən〕 *n.* 引擎

fuel 〔'fjuəl〕 *n.* 燃料

　firewood 〔'faɪr‚wʊd〕 *n.* 柴　　coal 〔kol〕 *n.* 煤
　charcoal 〔'tʃɑr‚kol〕 *n.* 炭

gas 〔gæs〕 *n.* 汽油 （= gasoline 〔'gæsl̩‚in〕 ）

　gas station 加油站 （= filling station ）

flight 〔flaɪt〕 *n.* 飛行；逃走

　fly 〔flaɪ〕 *v.* 飛　　flee 〔fli〕 *v.* 逃走

aviation 〔͵evɪˈeʃən〕 *n.* 航空；飛行

airlines 〔ˈɛr͵laɪnz〕 *n.* 航空公司

　(= airways 〔ˈɛr͵wez〕)

　airliner *n.* 大型客機；班機

aircraft 〔ˈɛr͵kræft〕 *n.* 飛行器（飛機、飛船、飛艇等的總稱）

(air)plane 〔(ˈɛr͵)plen〕 *n.* 飛機　　*jet plane* 噴射機

　jumbo plane 巨無霸飛機　　*jumbo jet* 巨無霸噴射機

　passenger plane 客機

airbus 〔ˈɛr͵bʌs〕 *n.* 空中巴士

glider 〔ˈglaɪdɚ〕 *n.* 滑翔機

　　　　　　✾　　　　　　　✾

pilot 〔ˈpaɪlət〕 *n.* 飛行員；駕駛員

stewardess 〔ˈstjuwɚdɪs〕 *n.* 空中小姐

　steward 〔ˈstjuwɚd〕 *n.* 空服員

runway 〔ˈrʌn͵we〕 *n.* 跑道

takeoff 〔ˈtek͵ɔf〕 *n.* 起飛

landing 〔ˈlændɪŋ〕 *n.* 著陸　　*forced landing* 迫降

timetable 〔ˈtaɪm͵tebl〕 *n.* 時刻表

passport 〔ˈpæs͵port,-͵pɔrt〕 *n.* 護照

visa ﹝ˈvizə﹞ *n.* 簽證

quarantine ﹝ˈkwɔrən͵tin,ˈkwɑr-﹞ *v.* 隔離;檢疫

vaccination ﹝͵væksn̩ˈeʃən﹞ *n.* 接種疫苗
vaccinate ﹝ˈvæksn̩͵et﹞ *v.* 預防接種
vaccine ﹝ˈvæksin.-sɪn﹞ *n.* 疫苗

embarkation ﹝͵ɛmbɑrˈkeʃən﹞ *n.* 登機;上船
embark ﹝ɪmˈbɑrk﹞ *v.* 登機;上船

boarding pass 登機證

baggage ﹝ˈbægɪdʒ﹞ *n.* 行李
(=《英》 luggage ﹝ˈlʌgɪdʒ﹞)
claim tag ﹝klem tæg﹞ *n.* 行李籤條

customs ﹝ˈkʌstəmz﹞ *n.* 海關

❀   ❀

double-decker ﹝ˈdʌbl̩ˈdɛkɚ﹞ *n.* 兩層甲板之船隻;
雙層公車

sail ﹝sel﹞ *v.* 航行   *n.* 帆;帆船
sailor ﹝ˈselɚ﹞ *n.* 水手;船員

voyage ﹝ˈvɔɪ·ɪdʒ﹞ *n.* 航行;航海

route ﹝rut, raʊt﹞ *n.* 路線;航路

shipping ﹝ˈʃɪpɪŋ﹞ *n.* 船運

steamer ﹝ˈstimɚ﹞ *n.* 汽船;輪船

ocean liner 郵輪；遠洋客輪

ferry ［'fɛrɪ］ *n.* 渡船

tugboat ［'tʌg,bot］ *n.* 拖船

cabin ［'kæbɪn］ *n.* 船艙

stern ［stɜn］ *n.* 船尾　　bow ［baʊ］ *n.* 船首

oar ［or, ɔr］ *n.* 槳

pier ［pɪr］ *n.* 碼頭；防波堤　　quay ［ki］ *n.* 碼頭

anchor ［'æŋkɚ］ *n.* 錨　*v.*（船）停泊

lighthouse ［'laɪt,haʊs］ *n.* 燈塔

●光·音·色

bright ［braɪt］ *adj.* 光亮的；明顯的
　brightness *n.* 光度　　brighten ［'braɪtṇ］ *v.* 變亮

brilliant ［'brɪljənt］ *adj.* 燦爛的
　brilliance ［'brɪljəns］ *n.* 光輝

shade ［ʃed］ *n.* 蔭涼處　　shady ［'ʃedɪ］ *adj.* 陰涼的
　sunny ［'sʌnɪ］ *adj.* 陽光充足的　shadow ［'ʃædo］ *n.* 影

transparent ［træns'pɛrənt］ *adj.* 透明的
　a transparent glass 透明玻璃杯
　opaque ［o'pek,ə-］ *adj.* 不透明的

flash ［flæʃ］ *v.* 閃爍　　*n.* 瞬息　　*in a flash* 瞬間

reflect 〔rɪˈflɛkt〕 *v*. 反射；反映
　　reflection 〔rɪˈflɛkʃən〕 *n*. 反射

sound 〔saʊnd〕 *n*. 聲音　*v*. 響；聽起來
　　adj. 健全的

noisy 〔ˈnɔɪzɪ〕 *adj*. 喧鬧的
　　quiet 〔ˈkwaɪət〕 *adj*. 安靜的　noise 〔nɔɪz〕 *n*. 噪音
　　make noise 吵鬧

silent 〔ˈsaɪlənt〕 *adj*. 沈默的
　　silence 〔ˈsaɪləns〕 *n*. 沈默　*v*. 使沈默

● 物　質

material 〔məˈtɪrɪəl〕 *n*. 原料；材料　*adj*. 物質的
　　spiritual 〔ˈspɪrɪtʃʊəl〕 *adj*. 精神的

substance 〔ˈsʌbstəns〕 *n*. 物質
　　substantial 〔səbˈstænʃəl〕 *adj*. 實際的

stuff 〔stʌf〕 *n*. 材料；原料

quality 〔ˈkwɑlətɪ〕 *n*. (特) 質
　　quantity 〔ˈkwɑntətɪ〕 *n*. 量

metal 〔ˈmɛtl̩〕 *n*. 金屬　metallic 〔məˈtælɪk〕 *adj*. 金屬的

gold 〔gold〕 *n*. 黃金　*adj*. 金製的
　　golden 〔ˈgoldn̩〕 *adj*. 金色的；寶貴的

silver [ˈsɪlvɚ] *n.* 銀

copper [ˈkɑpɚ] *n.* 銅

lead [lɛd] *n.* 鉛　　leaden [ˈlɛdn̩] *adj.* 鉛製的；沈重的

tin [tɪn] *n.* 錫　　*tin can* 罐頭

iron [ˈaɪɚn] *n.* 鐵；熨斗　*v.* 熨衣服

aluminum [əˈlumɪnəm] *n.* 鋁

platinum [ˈplætn̩əm] *n.* 鉑；白金

�֎　　　　　�֎

mine [maɪn] *n.* 煤〔金、銀〕礦

　　mining [ˈmaɪnɪŋ] *n.* 採礦業

ore [ɔr] *n.* 礦石

mineral [ˈmɪnərəl] *n.* 礦物　*mineral water* 礦泉水

diamond [ˈdaɪəmənd] *n.* 鑽石

jewel [ˈdʒuəl, ˈdʒɪuəl] *n.* 寶石

　　jewelry [ˈdʒuəlrɪ] *n.* 《集合用法》寶石

emerald [ˈɛmərəld] *n.* 翡翠

　　the Emerald Isle 愛爾蘭（Ireland）的別名

ruby [ˈrubɪ] *n.* 紅寶石

jade [dʒed] *n.* 玉

opal [ˈopl̩] *n.* 貓眼石；蛋白石

topaz 〔'topæz〕 *n*. 黃玉；黃晶

pearl 〔pɝl〕 *n*. 珍珠

  natural 〔*cultured*〕 *pearl* 天然〔養殖〕珍珠

coral 〔'kɑrəl〕 *n*. 珊瑚

quartz 〔kwɔrts〕 *n*. 石英石　　*quartz watch* 石英錶

marble 〔'mɑrbḷ〕 *n*. 大理石

limestone 〔'laɪm,ston〕 *n*. 石灰石

❃　　　　　❃

wood 〔wʊd〕 *n*. 木料

  wooden 〔'wʊdṇ〕 *adj*. 木製的　*a wooden house* 木造房屋

alcohol 〔'ælkə,hɔl〕 *n*. 酒；酒精

  alcoholic 〔,ælkə'hɔlɪk〕 *adj*. 含酒精的

steam 〔stim〕 *n*. 蒸氣

liquid 〔'lɪkwɪd〕 *n*. 液體　　　*adj*. 液態的

  solid 〔'sɑlɪd〕 *n*. 固體　*adj*. 固態的

petroleum 〔pə'trolɪəm〕 *n*. 石油

  oil 〔ɔɪl〕 *n*. 石油

CHECK

T E S T · 7

☐1 配合題

I. 1. 轉變　　（　　）　　2. 航行　　　（　　）

　　3. 有力的　（　　）　　4. 貨物　　　（　　）

　　5. 裝置　　（　　）　　6. 運輸　　　（　　）

　　7. 熟練的　（　　）　　8. 通信　　　（　　）

　　9. 電氣的　（　　）　 10. 音信　　　（　　）

　 11. 附寄物　（　　）　 12. 郵資　　　（　　）

　 13. 方法　　（　　）　 14. 構造　　　（　　）

　 15. 電話簿　（　　）　 16. 交通　　　（　　）

．．

A. traffic　　　B. message　　C. correspond

D. electric　　E. device　　　F. powerful

G. devise　　　H. cargo　　　 I. directory

J. transport　 K. enclosure　 L. postage

M. navigate　　N. method　　　O. switch

P. skillful　　Q. structure　 R. massage

S. burden　　　T. load　　　　U. fuel

II. 1. conductor （　） 2. signal （　）

3. construct （　） 4. communicate （　）

5. landing （　） 6. aircraft （　）

7. brake （　） 8. postscript （　）

9. vaccination （　） 10. convey （　）

11. telegram （　） 12. fare （　）

13. operator （　） 14. ferry （　）

....

a. 碼頭　　　 b. 煞車　　　 c. 車掌　　　 d. 傳達
e. 信號　　　 f. 建設　　　 g. 電報　　　 h. 渡船
i. 燃料　　　 j. 司機　　　 k. 旅行　　　 l. 接種疫苗
m. 附記　　　 n. 運送　　　 o. 飛機　　　 p. 車資
q. 起飛　　　 r. 著陸　　　 s. 接線生　　　 t. 小仙子

2 中翻英：

1. 蒸氣 ＿＿＿＿＿　　2. 發明 (*n.*) ＿＿＿＿＿

3. 燈塔 ＿＿＿＿＿　　4. 電子學 ＿＿＿＿＿

5. 實驗 ＿＿＿＿＿　　6. 建築 (*n.*) ＿＿＿＿＿

7. 鑽石 ＿＿＿＿＿　　8. 反射 (*n.*) ＿＿＿＿＿

9. 顯微鏡 ＿＿＿＿＿　　10. 銀 ＿＿＿＿＿

11. 空姐 _____　12. 科技 (*n.*) _____

13. 透明的 _____　14. 時刻表 _____

15. 引擎 _____　16. 金屬 _____

17. 分析 (*n.*) _____　18. 海關 _____

19. 礦物 _____　20. 乘客 _____

3 英翻中：

1. broadcast _____　2. mechanic _____

3. material _____　4. museum _____

5. embark _____　6. silent _____

7. facsimile _____　8. helicopter _____

9. focus (*n.*) _____　10. thermometer _____

11. marble _____　12. pearl _____

13. pilot _____　14. route _____

15. instrument _____　16. canal _____

17. bright _____　18. nuclear _____

19. strengthen _____　20. windshield _____

④ **翻譯填空：**

dialed	gas	airport	energy
noisy	transferred	iron	baggage

....

1. 太陽能既便宜又不會造成污染。

   Solar＿＿＿＿＿is cheap and non-polluting.

2. （電話中）你打錯了。

   You have＿＿＿＿＿the wrong number.

3. 病人被轉送到私人病房。

   The patient is being＿＿＿＿＿to a private
   room.

4. 挑夫把我們的行李搬到房間。

   The porter took our＿＿＿＿＿to our room.

5. 這把劍是鐵製的。

   This sword is made of＿＿＿＿＿.

6. 車子沒油了。

   The car has run out of＿＿＿＿＿.

Nature
UNIT 8 自然

●宇　宙

universe 〔'junə,vɝs〕 *n.* 宇宙

　universal 〔,junə'vɝsḷ〕 *adj.* 全世界的；普遍的

cosmos 〔'kazməs，-mas〕 *n.* （有秩序的）宇宙

　cosmic 〔'kazmɪk〕 *adj.* 宇宙的

heaven 〔'hɛvən〕 *n.* 天空；天堂

　heavenly 〔'hɛvənlɪ〕 *adj.* 天空的；神聖的

　heavenly body 天體

space 〔spes〕 *n.* 太空

　spaceship 〔'spes,ʃɪp〕 *n.* 太空船

　the Space Age 太空時代

aerospace 〔'ɛrə,spes〕 *n.* 大氣層與太空的合稱

Solar System 太陽系

Sun 〔sʌn〕 *n.* 太陽　　solar 〔'solə〕 *adj.* 太陽的

Mercury 〔'mɝkjərɪ〕 *n.* 水星

Venus 〔'vinəs〕 *n.* 金星

Earth 〔ɝθ〕 *n.* 地球

　earthling 〔'ɝθlɪŋ〕 *n.* 世人；凡夫俗子

Mars 〔mɑrz〕 *n.* 火星

Jupiter 〔'dʒupətɚ〕 *n.* 木星

Saturn 〔'sætən〕 *n.* 土星

Uranus 〔'jʊrənəs〕 *n.* 天王星

Neptune 〔'nɛptjun, 'nɛptʃun〕 *n.* 海王星

Pluto 〔'pluto〕 *n.* 冥王星

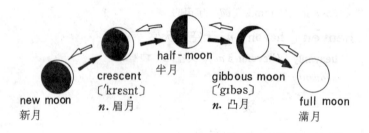

new moon
新月

crescent
〔'krɛsnt〕
n. 眉月

half‑moon
半月

gibbous moon
〔'gɪbəs〕
n. 凸月

full moon
滿月

phases of the moon 月的盈虧
〔'fezɪz〕

galaxy 〔'gæləksɪ〕 *n.* 銀河（= *Milky Way*)

planet 〔'plænɪt〕 *n.* 行星　　*fixed star* 恒星

　planetoid 〔'plænə,tɔɪd〕 *n.* 小行星

globe 〔glob〕 *n.* 地球　　global 〔'globl〕 *adj.* 全世界的

meteor 〔'mitɪɚ〕 *n.* 流星　　*falling star* 流星

牡羊座

Aries
〔'ɛriz, 'ɛrɪ,iz〕 *n.*
（3.21～4.20）

獅子座

Leo
〔'lio〕 *n.*
（7.24～8.23）

射手座

Sagittarius
〔,sædʒɪ'tɛrɪəs〕 *n.*
（11.23～12.22）

金牛座

Taurus
〔'tɔrəs〕 *n.*
（4.21～5.21）

處女座

Virgo
〔'vɝgo〕 *n.*
（8.24～9.23）

山羊座

Capricorn
〔'kæprɪ,kɔrn〕 *n.*
（12.23～1.20）

雙子座

Gemini
〔'dʒɛmə,naɪ〕 *n.*
（5.22～6.21）

天秤座

Libra
〔'librə〕 *n.*
（9.24～10.23）

水瓶座

Aquarius
〔ə'kwɛrɪəs〕 *n.*
（1.21～2.19）

巨蟹座

Cancer
〔'kænsə〕 *n.*
（6.22～7.23）

天蠍座

Scorpio
〔'skɔrpɪ,o〕 *n.*
（10.24～11.22）

雙魚座

Pisces
〔'paɪsiz〕 *n.*
（2.20～3.20）

comet 〔'kɑmɪt〕 *n.* 彗星

satellite 〔'sætḷ,aɪt〕 *n.* 衞星

orbit 〔'ɔrbɪt〕 *n.* 軌道

gravity 〔'grævətɪ〕 *n.* 重力；地心引力
　　grave 〔grev〕 *adj.* 重大的

constellation 〔,kɑnstə'leʃən〕 *n.* 星座

zodiac 〔'zodɪ,æk〕 *n.* 十二宮

● 自然環境

environment 〔ɪn'vaɪrənmənt〕 *n.* 環境
　　(= surroundings 〔sə'raʊndɪŋz〕)
　　environmental 〔ɪn,vaɪrən'mɛntḷ〕 *adj.* 環境的

pollution 〔pə'luʃən〕 *n.* 污染
　　pollute 〔pə'lut〕 *v.* 污染
　　pollutant 〔pə'lutṇt〕 *n.* 污染物質

atmosphere 〔'ætməs,fɪr〕 *n.* 大氣

hemisphere 〔'hɛməs,fɪr〕 *n.* 半球
　　sphere 〔sfɪr〕 *n.* 球；球體
　　the Eastern〔*Western*〕*hemisphere* 東〔西〕半球

continent 〔'kɑntənənt〕 *n.* 大陸
　　the New Continent 新大陸（指美洲）
　　continental 〔,kɑntə'nɛntḷ〕 *adj.* 大陸的

arctic 〔ˈɑrktɪk〕 *adj.* 北極的

　antarctic 〔ænt'ɑrktɪk〕 *adj.* 南極的　　*the Arctic* 北極

tropical 〔ˈtrɑpɪkḷ〕 *adj.* 熱帶的

　tropic 〔ˈtrɑpɪk〕 *n.* 回歸線　　*the tropics* 熱帶地方

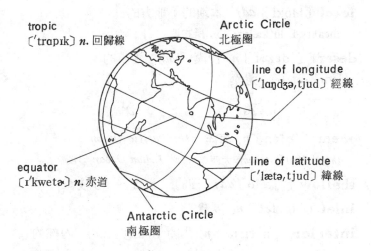

tropic 〔ˈtrɑpɪk〕 *n.* 回歸線

Arctic Circle 北極圈

line of longitude 〔ˈlɑndʒə,tjud〕 經線

line of latitude 〔ˈlætə,tjud〕 緯線

equator 〔ɪˈkwetə〕 *n.* 赤道

Antarctic Circle 南極圈

axis 〔ˈæksɪs〕 *n.* 軸線；地軸

pole 〔pol〕 *n.* 極；極地

　the North〔South〕 Pole 北〔南〕極

area 〔ˈɛrɪə,ˈerɪə〕 *n.* 地區；面積

　the residential area 住宅區

region 〔ˈridʒən〕 *n.* 區域

　an industrial region 工業區

district 〔ˈdɪstrɪkt〕 *n.* 地區

rural〔ˈrʊrəl〕*adj*. 鄉村的

　　urban〔ˈɝbən〕*adj*. 都市的　*live a rural life* 過田園生活

rustic〔ˈrʌstɪk〕*adj*. 鄉村的；粗野的

　　urbane〔ɝˈben〕*adj*. 文雅的

local〔ˈlokḷ〕*adj*. 本地的；地方的

　　locality〔loˈkælətɪ〕*n*. 所在地

desert〔ˈdɛzɚt〕*n*. 沙漠　　*adj*. 沙漠的

　　〔dɪˈzɝt〕*v*. 遺棄

✳　　　　　　✳

ocean〔ˈoʃən〕*n*. 海洋　*the Pacific Ocean* 太平洋

　　the Atlantic Ocean 大西洋　*the Indian Ocean* 印度洋

shallow〔ˈʃælo〕*adj*. 淺的　*n*.〔～s〕淺灘

inlet〔ˈɪn‚lɛt〕*n*. 港灣

interior〔ɪnˈtɪrɪɚ〕*n*. 內陸；內地　*adj*. 內部的

glacier〔ˈgleʃɚ〕*n*. 冰河

iceberg〔ˈaɪs‚bɝg〕*n*. 冰山；冷淡的人

plateau〔plæˈto〕*n*. 高原；台地

　　（＝ tableland〔ˈtebḷ‚lænd〕）

peninsula〔pəˈnɪnsələ‚-sjʊlə〕*n*. 半島

strait〔stret〕*n*. 海峽

waterfall〔ˈwɑtɚ‚fɔl〕*n*. 瀑布

　　cataract〔ˈkætə‚rækt〕*n*.（大而陡的）瀑布

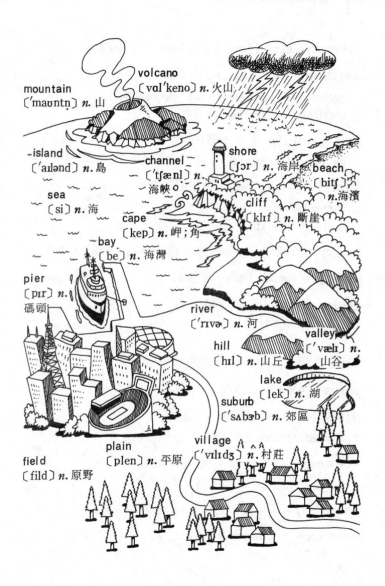

mountain ['mauntn̩] *n.* 山

volcano [vɑl'keno] *n.* 火山

island ['aɪlənd] *n.* 島

channel ['tʃænl] *n.* 海峽

shore [ʃor] *n.* 海岸

beach [bitʃ] *n.* 海濱

sea [si] *n.* 海

cliff [klɪf] *n.* 斷崖

cape [kep] *n.* 岬；角

bay [be] *n.* 海灣

pier [pɪr] *n.* 碼頭

river ['rɪvɚ] *n.* 河

valley ['vælɪ] *n.* 山谷

hill [hɪl] *n.* 山丘

lake [lek] *n.* 湖

suburb ['sʌbɝb] *n.* 郊區

village ['vɪlɪdʒ] *n.* 村莊

plain [plen] *n.* 平原

field [fild] *n.* 原野

stream 〔strim〕*n.* （比 river 小）小河　*v.* 流

horizon 〔hə'raɪzn̩〕*n.* 地平線

　　horizontal 〔,harə'zant l̩〕*adj.* 水平的；橫的
　　vertical 〔'vɝtɪkl̩〕*adj.* 垂直的；縱的

soil 〔sɔɪl〕*n.* 土；土壤

　　an area of rich〔*poor*〕*soil* 肥沃〔貧瘠〕土壤區

fertile 〔'fɝtl̩〕*adj.* 肥沃的

　　barren 〔'bærən〕*adj.* 不毛的
　　fertility 〔fɝ'tɪlətɪ , fə-〕*n.* 肥沃

rocky 〔'rakɪ〕*adj.* 多岩石的　　rock 〔rak〕*n.* 岩石

sandy 〔'sændɪ〕*adj.* 多沙的

stony 〔'stonɪ〕*adj.* 多石的

　　　　　　　　✻　　　　　　　　✻

tide 〔taɪd〕*n.* 潮汐；潮流

wave 〔wev〕*n.* 波浪　*v.* 揮動

view 〔vju〕*n.* 視野　*v.* 視察

　　a point of view 觀點；見解

scenery 〔'sinərɪ〕*n.*《集合用法》風景

　　scene 〔sin〕*n.*《普通名詞》風景

landscape 〔'lændskep〕*n.* 風景

resource 〔'risors , rɪ'sors〕*n.* 〔～s〕資源

natural 〔'nætʃərəl〕 *adj.* 天然的

　　artificial 〔,ɑrtə'fɪʃəl〕 *adj.* 人工的

　　natural resources 天然資源　　nature 〔'netʃɚ〕 *n.* 自然

source 〔sɔrs〕 *n.* 水源（地）

　　the sources of the Nile 尼羅河的水源

● 自然現象

phenomenon 〔fə'nɑmə,nɑn〕 *n.* 現象

　　《*pl.*》 phenomena 〔fə'nɑmənə〕

　　a natural phenomenon 自然現象

climate 〔'klaɪmɪt〕 *n.* 氣候

　　climatic 〔klaɪ'mætɪk〕 *adj.* 氣候上的

weather 〔'wɛðɚ〕 *n.* 天氣　　*weather chart* 天氣圖

　　weatherman 〔'wɛðɚ,mæn〕 *n.* 天氣預報員

humidity 〔hju'mɪdətɪ〕 *n.* 濕度

　　humid 〔'hjumɪd〕 *adj.* 有濕氣的

rainfall 〔'ren,fɔl〕 *n.* 降雨；雨量

　　raindrop 〔'ren,drɑp〕 *n.* 雨滴；雨點

front 〔frʌnt〕 *n.* 鋒面

　　cold〔*warm*〕*front* 冷〔熱〕鋒

breeze 〔briz〕 *n.* 微風

　　gale 〔gel〕 *n.* 強風　　gust 〔gʌst〕 *n.* 陣風

whirlwind 〔'hwɝl͵wɪnd〕*n.* 旋風

fog 〔fɑg , fɔg〕*n.* 霧

   foggy 〔'fɑgɪ , 'fɔgɪ〕*adj.* 有霧的

   fog ＞ mist 〔mɪst〕*n.* 霧 ＞ haze 〔hez〕*n.* 薄霧

dew 〔dju〕*n.* 露水

hail 〔hel〕*n.* 冰雹　　*v.* 下冰雹

frost 〔frɔst , frɑst〕*n.* 霜

   frosty 〔'frɔstɪ , 'frɑ-〕*adj.* 凍寒的；似霜的

   frostbite 〔'frɔst͵baɪt , 'frɑst-〕*n.* 凍傷

icicle 〔'aɪsɪk!〕*n.* 冰柱；垂冰

✿　　　　　　✿

turbulence 〔'tɝbjələns〕*n.* 亂流

burn 〔bɝn〕*v.* 燃燒

   burning *adj.* 燃燒的；激烈的

freeze 〔friz〕*v.* 凍結

   the freezing point 冰點

   the boiling point 沸點

   the melting point 融點

flow 〔flo〕*v.* 流動　　*n.* 流量

   flowing *adj.* 流動的；流暢的

thunder 〔'θʌndɚ〕*n.* 雷　　*v.* 打雷

   thundershower 〔'θʌndɚ͵ʃauɚ〕*n.* 雷陣雨

lightning 〔'laɪtnɪŋ〕 *n*. 閃電

   lightning rod〔*conductor*〕避雷針

rainbow 〔'ren,bo〕 *n*. 彩虹

● 動　物

creature 〔'kritʃɚ〕 *n*. 生物

   create 〔krɪ'et〕 *v*. 創造

species 〔'spiʃɪz, -ʃiz〕 *n*. 種類

   the species 人類

breed 〔brid〕 *v*. 生育；飼養　　*n*. 品種

animal 〔'ænəml̩〕 *n*. 動物

beast 〔bist〕 *n*. (四隻腳的) 動物；野獸

tame 〔tem〕 *adj*. 馴服的　　*v*. 馴服

   wild 〔waɪld〕 *adj*. 野生的

amphibian 〔æm'fɪbɪən〕 *n*. 兩棲動物

   adj. 兩棲類的

reptile 〔'rɛptl̩, -tɪl〕 *n*. 爬蟲類動物

mammal 〔'mæml̩〕 *n*. 哺乳動物

fowl 〔faʊl〕 *n*. 家禽

   domestic animals 家畜 (= livestock 〔'laɪv,stɑk〕)

flock 〔flɑk〕 *n*. (動物、鳥的) 群　　*v*. 群集

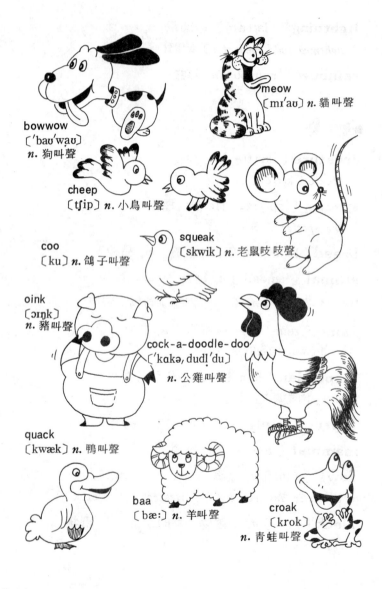

bowwow
〔ˊbaʊˊwaʊ〕
n. 狗叫聲

meow
〔mɪˊaʊ〕 *n.* 貓叫聲

cheep
〔tʃip〕 *n.* 小鳥叫聲

coo
〔ku〕 *n.* 鴿子叫聲

squeak
〔skwik〕 *n.* 老鼠吱吱聲

oink
〔ɔɪŋk〕
n. 豬叫聲

cock-a-doodle-doo
〔ˊkɑkəˌdudlˊdu〕
n. 公雞叫聲

quack
〔kwæk〕 *n.* 鴨叫聲

baa
〔bæ:〕 *n.* 羊叫聲

croak
〔krok〕
n. 青蛙叫聲

ape〔ep〕*n.* 猿

baboon〔bæˈbun, bə-〕*n.* 狒狒

chimpanzee〔ˌtʃɪmpænˈzi, tʃɪmˈpænzɪ〕*n.* 黑猩猩

gorilla〔gəˈrɪlə〕*n.* 大猩猩

bull〔bʊl〕*n.* 牡牛；公牛

　cow〔kaʊ〕*n.* 母牛

　calf〔kæf, kɑf〕*n.* 小牛

buffalo〔ˈbʌfḷˌo〕*n.* 水牛

sheep〔ʃip〕*n.* 羊；綿羊　　lamb〔læm〕*n.* 小羊；羔羊

　goat〔got〕*n.* 山羊　　kid〔kɪd〕*n.* 小山羊

horse〔hɔrs〕*n.* 馬　　colt〔kolt〕*n.* 小斑馬

　pony〔ˈponɪ〕*n.* 小馬；駒

donkey〔ˈdɑŋkɪ〕*n.* 驢

deer〔dɪr〕*n.* 鹿

bear〔bɛr〕*n.* 熊

tiger〔ˈtaɪgɚ〕*n.* 虎

　tigress〔ˈtaɪgrɪs〕*n.* 母虎

camel〔ˈkæmḷ〕*n.* 駱駝

elephant〔ˈɛləfənt〕*n.* 象

giraffe〔dʒəˈræf, -ˈrɑf〕*n.* 長頸鹿

leopard 〔'lɛpɚd〕 *n.* 豹   panther 〔'pænθɚ〕*n.* 黑豹
　jaguar 〔'dʒægwɑr〕*n.* 美洲豹

rhinoceros 〔raɪ'nɑsərəs〕*n.* 犀牛
　(= rhino 〔'raɪno〕)

hippopotamus 〔,hɪpə'pɑtəməs〕*n.* 河馬
　(= hippo 〔'hɪpo〕)

lion 〔'laɪən〕*n.* 獅
　puma 〔'pjumə〕*n.* 美洲獅

panda 〔'pændə〕*n.* 熊貓

porcupine 〔'pɔrkjə,paɪn〕*n.* 豪豬

❈　　　　　　　❈

rabbit 〔'ræbɪt〕*n.* 兔子
　hare 〔hɛr〕*n.* 野兔

squirrel 〔'skwɝəl, skwɝl〕*n.* 松鼠

snake 〔snek〕*n.* 蛇

bat 〔bæt〕*n.* 蝙蝠

crocodile 〔'krɑkə,daɪl〕*n.* 鱷魚
　alligator 〔'ælə,getɚ〕*n.* 美洲鱷魚

tortoise 〔'tɔrtəs, -tɪs〕*n.* 陸龜
　turtle 〔'tɝtl̩〕*n.* 海龜；鱉

dolphin 〔'dɑlfɪn〕*n.* 海豚

poultry 〔'poltrɪ〕 *n*. 家禽

migration 〔maɪ'greʃən〕 *n*. 成群移動

　migratory 〔'maɪgrə,torɪ, -,tɔrɪ〕 *adj*. 移動的

hummingbird 〔'hʌmɪŋ,bɜˋd〕 *n*. 蜂鳥

sparrow 〔'spæro〕 *n*. 麻雀

skylark 〔'skaɪ,lɑrk〕 *n*. 雲雀

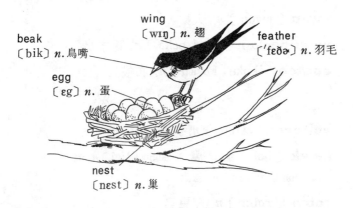

beak 〔bik〕 *n*.鳥嘴

wing 〔wɪŋ〕 *n*.翅

feather 〔'fɛðɚ〕 *n*.羽毛

egg 〔ɛg〕 *n*.蛋

nest 〔nɛst〕 *n*.巢

canary 〔kə'nɛrɪ〕 *n*. 金絲雀

sea gull 〔si gʌl〕 *n*. 海鷗

stork 〔stɔk〕 *n*. 白鸛

thrush 〔θrʌʃ〕 *n*. 畫眉鳥

swallow 〔'swɑlo〕 *n*. 燕子

crow 〔kro〕 *n*. 烏鴉

dove 〔dʌv〕*n.* 鴿
pigeon 〔'pɪdʒən, 'pɪdʒɪn〕*n.* 鴿子（比 dove 大）

owl 〔aʊl〕*n.* 貓頭鷹

parrot 〔'pærət〕*n.* 鸚鵡

crane 〔kren〕*n.* 鶴

goose 〔gus〕*n.* 鵝　《*pl.*》geese 〔gis〕

swan 〔swɑn〕*n.* 天鵝

woodpecker 〔'wʊd,pɛkɚ〕*n.* 啄木鳥

cuckoo 〔'kʊku, kʊ'ku〕*n.* 布穀鳥

vulture 〔'vʌltʃɚ〕*n.* 兀鷹

hawk 〔hɔk〕*n.* 禿鷹　eagle 〔'igḷ〕*n.* 鷹
falcon 〔'fɔlkən〕*n.* 獵鷹

robin 〔'rɑbɪn〕*n.* 知更鳥

nightingale 〔'naɪtṇ,gel, 'naɪtɪn-, 'naɪtɪŋ-〕*n.* 夜鶯

peacock 〔'pi,kɑk〕*n.* 孔雀

turkey 〔'tɝkɪ〕*n.* 火雞

penguin 〔'pɛngwɪn, 'pɛŋg-〕*n.* 企鵝

ostrich 〔'ɔstrɪtʃ〕*n.* 鴕鳥

fish〔fɪʃ〕*n.* 魚

salmon〔'sæmən〕*n.* 鮭魚

sardine〔sɑr'din〕*n.* 沙丁魚

cod〔kɑd〕*n.* 鱈魚

herring〔'hɛrɪŋ〕*n.* 鯡；青魚

carp〔kɑrp〕*n.* 鯉魚

trout〔traʊt〕*n.* 鱒魚

eel〔il〕*n.* 鰻；鱔魚

goldfish〔'gold,fɪʃ〕*n.* 金魚

✸　　　✸

crab〔kræb〕*n.* 蟹　*hermit crab* 寄生蟹

clam〔klæm〕*n.* 蛤；蚌

crawfish〔'krɔ,fɪʃ〕*n.* 小龍蝦

lobster〔'lɑbstɚ〕*n.* 龍蝦

prawn〔prɔn〕*n.* 對蝦（3-4 吋長）

shrimp〔ʃrɪmp〕*n.* 小蝦

jellyfish〔'dʒɛlɪ,fɪʃ〕*n.* 水母；海蜇

abalone〔,æbə'lonɪ〕*n.* 鮑魚

oyster〔'ɔɪstɚ〕*n.* 蠔；牡蠣

scallop〔'skɑləp, 'skæl-〕*n.* 干貝

insect 〔'ɪnsɛkt〕 *n.* 昆蟲

larva 〔'lɑrvə〕 *n.* 幼蟲

imago 〔ɪ'mego〕 *n.* 成蟲

cocoon 〔kə'kun, kʊ'kun〕 *n.* 繭

caterpillar 〔'kætɚ,pɪlɚ〕 *n.* 毛蟲

ant 〔ænt〕 *n.* 蟻

flea 〔fli〕 *n.* 跳蚤

cockroach 〔'kɑk,rotʃ〕 *n.* 蟑螂

beetle 〔'bitḷ〕 *n.* 甲蟲

grasshopper 〔'græs,hɑpɚ〕 *n.* 蚱蜢

※   ※

locust 〔'lokəst〕 *n.* 蝗蟲

louse 〔laʊs〕 *n.* 蝨；寄生蟲   《*pl.*》 lice 〔laɪs〕

spider 〔'spaɪdɚ〕 *n.* 蜘蛛

butterfly 〔'bʌtɚ,flaɪ〕 *n.* 蝴蝶

 dragonfly 〔'drægən,flaɪ〕 *n.* 蜻蜓
 firefly 〔'faɪr,flaɪ〕 *n.* 螢火蟲

bee 〔bi〕 *n.* 蜂

mosquito 〔mə'skito〕 *n.* 蚊

fly 〔flaɪ〕 *n.* 蒼蠅

ladybug 〔'ledɪ,bʌg〕 *n*. 瓢蟲

silkworm 〔'sɪlk,wɜm〕 *n*. 蠶

earthworm 〔'ɜθ,wɜm〕 *n*. 蚯蚓

● 植　物

plant 〔plænt〕 *n*. 植物　*v*. 種植
　　wild plant 野生植物

seed 〔sid〕 *n*. 種子　*v*. 播種

grain 〔gren〕 *n*. 穀物

crop 〔krɑp〕 *n*. 農作物；收穫
　　harvest 〔'hɑrvɪst〕 *n*. 收穫量

vegetable 〔'vɛdʒətəbḷ〕 *n*. 蔬菜

evergreen 〔'ɛvɚ,grin〕 *n*. 常綠植物　*adj*. 常綠的
　　deciduous 〔dɪ'sɪdʒʊəs〕 *adj*. 落葉性的

shrub 〔ʃrʌb〕 *n*. 灌木；矮樹

bush 〔bʊʃ〕 *n*. 灌木

cedar 〔'sidɚ〕 *n*. 西洋杉；香柏

fir 〔fɝ〕 *n*. 樅樹

oak 〔ok〕 *n*. 橡樹

beech 〔bitʃ〕 *n*. 樺木

branch
〔bræntʃ〕 *n*. 樹枝

trunk
〔trʌŋk〕 *n*. 樹幹

roots
〔ruts〕 *n*. 根

willow 〔'wɪlo 〕*n*. 柳樹

maple 〔'mepl̩ 〕*n*. 楓

laurel 〔'lɔrəl , 'lɑr- 〕*n*. 月桂樹

lilac 〔'laɪlək 〕*n*. 紫丁香

elm 〔 ɛlm 〕*n*. 榆木

olive 〔'ɑlɪv 〕*n*. 橄欖木

walnut 〔'wɔlnət 〕*n*. 胡桃；核桃

palm 〔 pɑm 〕*n*. 棕櫚

ivy 〔'aɪvɪ 〕*n*. 常春藤

bamboo 〔 bæm'bu 〕*n*. 竹

✽   ✽

blossom 〔'blɑsəm 〕*n*. （果樹的）花

in full blossom 盛開

bloom 〔 blum 〕*n*. （觀賞植物的）花　*v*. 開花

daffodil 〔'dæfə,dɪl 〕*n*. 水仙花

narcissus 〔 nɑr'sɪsəs 〕*n*. 水仙

chrysanthemum 〔 krɪs'ænθəməm 〕*n*. 菊

pansy 〔'pænzɪ 〕*n*. 三色紫羅蘭

violet 〔'vaɪəlɪt 〕*n*. 紫羅蘭

lily 〔'lɪlɪ 〕*n*. 百合　*lily of the valley* 鈴蘭

orchid ['ɔrkɪd] *n*. 蘭花

cockscomb ['kɑks,kom] *n*. 雞冠花

daisy ['dezɪ] *n*. 雛菊

forget-me-not [fə'gɛtmɪ,nɑt] *n*. 勿忘我

dandelion ['dændɪ,laɪən, 'dændḷ,aɪən] *n*. 蒲公英

rose [roz] *n*. 玫瑰

sunflower ['sʌn,flaʊɚ] *n*. 向日葵

poppy ['pɑpɪ] *n*. 罌粟花

buttercup ['bʌtɚ,kʌp] *n*. 金鳳花

tulip ['tjuləp, 'tu-, -ɪp] *n*. 鬱金香

carnation [kɑr'neʃən] *n*. 康乃馨

lotus ['lotəs] *n*. 蓮花

CHECK

T E S T · 8

1 配合題

I. 1. 穀物 　　(　)　　　2. 氣候 　　　(　)

3. 羽毛 　　(　)　　　4. 雨量 　　　(　)

5. 鸚鵡 　　(　)　　　6. 風景 　　　(　)

7. 牡蠣 　　(　)　　　8. 閃電 　　　(　)

9. 昆蟲 　　(　)　　　10. 星座 　　　(　)

11. 花 　　(　)　　　12. 濕氣的 　　(　)

13. 熊 　　(　)　　　14. 瀑布 　　　(　)

15. 灌木 　　(　)　　　16. 常綠的 　　(　)

....

A. robin 　　　B. oyster 　　　C. waterfall
D. insect 　　　E. climate 　　　F. thunder
G. grain 　　　H. landslide 　　　I. lotus
J. feather 　　K. bear 　　　L. vegetable
M. rainfall 　　N. shrub 　　　O. scenery
P. humid 　　　Q. parrot 　　　R. constellation
S. blossom 　　T. evergreen 　　U. Earth

Ⅱ. 1. buffalo （　） 2. channel （　）

3. plain （　） 4. horizon （　）

5. Neptune （　） 6. carnation （　）

7. local （　） 8. trunk （　）

9. giraffe （　） 10. region （　）

11. universal （　） 12. tide （　）

13. resources （　） 14. crop （　）

....

a. 海峽　　b. 波浪　　c. 水平線　　d. 康乃馨

e. 普遍的　f. 運河　　g. 農作物　　h. 地球

i. 水牛　　j. 垂直線　k. 潮汐　　　l. 村莊

m. 海王星　n. 金星　　o. 長頸鹿　　p. 地區

q. 本地的　r. 平原　　s. 資源　　　t. 樹幹

2 中翻英：

1. 野生的 _____ 2. 水平的 _____

3. 雛菊 _____ 4. 植物 _____

5. 大陸 _____ 6. 污染（*n.*）_____

7. 孔雀 _____ 8. 常春藤 _____

9. 行星 _____ 10. 郊區 _____

11. 樹枝 _____   12. 山谷 _____

13. 沙漠 _____   14. 大氣 _____

15. 象 _____   16. 收穫 _____

17. 成群移動 (*n.*) _____   18. 垂直的 _____

19. 熱帶的 _____   20. 衛星 _____

③ 英翻中：

1. rural _____   2. gravity _____

3. village _____   4. sparrow_____

5. orbit _____   6. equator _____

7. sunflower_____   8. globe _____

9. fertile _____   10. volcano _____

11. frost _____   12. strait _____

13. environment_____   14. mammal_____

15. universe_____   16. phenomenon_____

17. natural _____   18. camel _____

19. heaven _____   20. hemisphere_____

4 翻譯填空：

areas	urban	wings	foggy
beach	snakes	spider	swans

....

1. 商業區的租金較貴。

   Rent in commercial＿＿＿＿is more expensive.

2. 海灘上擠滿了觀光客

   The＿＿＿＿was crowded with tourists.

3. 這兩艘船在一個多霧的晚上相撞。

   The two ships collided on a＿＿＿＿night.

4. 這兒的人喜歡吃雞翅。

   People here like to eat chicken＿＿＿＿.

5. 在台灣，蛇肉被認為是美食。

   ＿＿＿＿are considered a delicacy in Taiwan.

6. 看蜘蛛結網很有趣。

   It's fun to see a＿＿＿＿spin its web.

Abstract Notions
UNIT 9 抽象概念

●時 間

moment 〔'momənt〕 *n.* 瞬間
　　the moment … 一～就…（＝as soon as…）
　　momentary 〔'momən,tɛrɪ〕 *adj.* 瞬間的

instant 〔'ɪnstənt〕 *n.* 瞬間　　*adj.* 立刻的
　　in an instant 立即
　　instantly *adv.* 立即地

immediate 〔ɪ'midɪɪt〕 *adj.* 立即的
　　immediately *adv.* 立刻；馬上
　　（＝at once, right away, instantly）

※　　　　　　　※

sudden 〔'sʌdn̩〕 *adj.* 突然的
　　suddenly *adv.* 突然地（＝all of a sudden）

abrupt 〔ə'brʌpt〕 *adj.* 突然的
　　abruptly *adv.* 突然地

punctual 〔'pʌŋktʃʊəl〕 *adj.* 守時的；準時的

date〔det〕*n.* 日期　*v.* 記載日期

　　out of date 過時的

period〔'pɪrɪəd〕*n.* 期間；時代

　　era〔'ɪrə, 'irə〕*n.*（具有某種特徵的）時代

　　epoch〔'ɛpək〕*n.*（指 era 的初期階段）紀元；新時代

　　age〔edʒ〕*n.*（具有明顯特色的）時代

future〔'fjutʃɚ〕*n.* 未來　*adj.* 未來的

　　futureless *adj.* 前途無望的

　　past〔pæst〕*n.* 過去　*adj.* 過去的

interval〔'ɪntɚvl̩〕*n.* 間隔

　　at intervals 時時

✼　　　　　　✼

decade〔'dɛked〕*n.* 10 年

fortnight〔'fɔrtnaɪt〕*n.* 2 週

dawn〔dɔn〕*n.* 黎明（＝daybreak〔'de,brek〕*n.* 破曉）

　　twilight〔'twaɪ,laɪt〕*n.* 黃昏；（日出前的）微明

sunrise〔'sʌn,raɪz〕*n.* 日出

　　sunset〔'sʌn,sɛt〕*n.* 日落

annual〔'ænjʊəl〕*adj.* 一年一次的（＝yearly）

　　n. 年鑑　　*an annual event* 一年一次的事

recent〔'risn̩t〕*adj.* 最近的

　　recently *adv.* 最近（＝lately, of late）

contemporary〔kən'tɛmpə,rɛrɪ〕*adj.* 現代的；
同時代的　　*n.* 同時代的人

previous〔'privɪəs〕*adj.* 在前的
　　previous to 在～以前（ = before ）
　　following〔'fɑləwɪŋ〕*adj.* 下列的

permanent〔'pɝmənənt〕*adj.* 永久的；耐久的
　　permanent peace 永久和平

temporary〔'tɛmpə,rɛrɪ〕*adj.* 暫時的

�֍　　　　　　�֍

eternal〔ɪ'tɝnḷ〕*adj.* 永恆的
　　eternity〔ɪ'tɝnətɪ〕*n.* 永恆

forever〔fə'ɛvə〕*adv.* 永遠地

rapid〔'ræpɪd〕*adj.*（運動或動作）迅速的
　　rapidity〔rə'pɪdətɪ〕*n.* 急速
　　fast *adj.*（人或物的動作）迅速的
　　quick *adj.*（某事發生或完成）迅速的
　　prompt〔prɑmpt〕*adj.* 機靈敏捷的
　　swift〔swɪft〕*adj.* 敏捷迅速的（強調動作輕盈）

final〔'faɪnḷ〕*adj.* 最終的（ = last ）
　　n.〔～s〕期末考；決賽

holiday [ˈhɑləˌde] *n.* 假日；節日

 a national holiday 國定假日

vacation [veˈkeʃən, və-] *n.* 假期

 on vacation 度假中

St. Valentine's [ˈvælənˌtaɪnz] **Day** 聖范倫泰節；
情人節（2月14日）

St. Patrick's Day 愛爾蘭守護神節（3月17日）

Easter [ˈistɚ] *n.* 復活節（3月21日滿月後的第1個星期天）

April Fools' Day 愚人節（4月1日）

Mother's Day 母親節（5月第2個星期天）

   ❦   ❦

Halloween [ˌhæloˈin, ˌhɑlo-] *n.* 萬聖節前夕
 （10月31日）

Hallowmas [ˈhæloˌmæs, -məs] *n.* 萬聖節
 （= All Saints' Day；11月1日）

Thanksgiving [ˌθæŋksˈgɪvɪŋ] *n.*
感恩節（11月的第4個星期四）

Christmas [ˈkrɪsməs] *n.* 耶誕節（12月25日）

 Christmas Eve 耶誕節前夕；平安夜（12月24日）

● 數　量

count〔kaʊnt〕*v.* 數　*n.* 計算

calculate〔'kælkjə‚let〕*v.* 計算；估計
　calculation〔‚kælkjə'leʃən〕*n.* 計算
　calculator *n.* 計算機

estimate〔'ɛstə‚met〕*v.* 估計；推斷
　〔'ɛstəmɪt〕*n.* 評估
　estimation〔‚ɛstə'meʃən〕*n.* 判斷

reckon〔'rɛkən〕*v.* 計算；推定

✻　　　　　　✻

measure〔'mɛʒɚ〕*v.* 測量　*n.* 測量（工具）；措施
　take measures 採取措施

weigh〔we〕*v.* 稱重量
　weight〔wet〕*n.* 重量

single〔'sɪŋɡḷ〕*adj.* 單一的；單身的　*n.* 一個

several〔'sɛvərəl〕*adj.* 數個的　*n.* 數個；數人

slight〔slaɪt〕*adj.* 輕微的　*v.* 輕視

abundant〔ə'bʌndənt〕*adj.* 豐富的
　（= plentiful〔'plɛntɪfəl〕）
　abundance〔ə'bʌndəns〕*n.* 豐富
　abound〔ə'baʊnd〕*v.* 富於；充滿

numerous 〔'njumərəs〕 *adj.* 極多的（＝ many）

innumerable 〔ɪ'njumərəbl̩〕 *adj.* 無數的

sufficient 〔sə'fɪʃənt〕 *adj.* 充分的（＝ enough）
　suffice 〔sə'faɪs, sə'faɪz〕 *v.* 足夠
　sufficiency 〔sə'fɪʃənsɪ〕 *n.* 充分

deficient 〔dɪ'fɪʃənt〕 *adj.* 不足的
　deficiency 〔dɪ'fɪʃənsɪ〕 *n.* 不足

definite 〔'dɛfənɪt〕 *adj.* 一定的

infinite 〔'ɪnfənɪt〕 *adj.* 無限的
　finite 〔'faɪnaɪt〕 *adj.* 有限的

unit 〔'junɪt〕 *n.* 單位

rate 〔ret〕 *n.* 比率；等級　　*v.* 估價
　at any rate 無論如何

❊　　　　　　❊

proportion 〔prə'porʃən〕 *n.* 比率；均衡
　in proportion to 與～成正比

percentage 〔pə'sɛntɪdʒ〕 *n.* 百分比
　percent 〔pə'sɛnt〕 *n.* 每百；百分之～

length 〔lɛŋθ〕 *n.* 長度
　lengthen 〔'lɛŋθən〕 *v.* 加長
　long 〔lɔŋ〕 *adj.* 長的

stature〔'stætʃɚ〕*n.* 身長（＝height〔haɪt〕）
statue〔'stætʃʊ〕*n.* 雕像

quantity〔'kwɑntətɪ〕*n.* 量
quality〔'kwɑlətɪ〕*n.* 質
in quantity〔*quantities*〕大量地

mass〔mæs〕*n.* 團；塊；大量
a mass of 大量的～
massive〔'mæsɪv〕*adj.* 大而重的

major〔'medʒɚ〕*adj.* 主要的 *v.* 主修（in）
majority〔mə'dʒɔrətɪ〕*n.* 大多數

✿ ✿

minor〔'maɪnɚ〕*adj.* 次要的
minority〔mə'nɔrətɪ, maɪ-〕*n.* 少數

extra〔'ɛkstrə〕*adj.* 額外的
（＝additional〔ə'dɪʃənḷ〕）
n. 額外的事物或人

spare〔spɛr〕*adj.* 備用的；剩餘的 *v.* 節省；赦免

shortage〔'ʃɔrtɪdʒ〕*n.* 不足
short〔ʃɔrt〕*adj.* 不足的

part〔pɑrt〕*n.* 部分
take part in 參加～

whole〔hol〕*n.* 全體 *adj.* 全體的 *as a whole* 整體而

sum 〔sʌm〕 *n.* 總數　*v.* 總計；合計
　sum up 簡言之

amount 〔əˋmaunt〕 *n.* 總額　*v.* 總計

total 〔ˋtotḷ〕 *n.* 總數　*adj.* 全體的　*v.* 總計

average 〔ˋævərɪdʒ〕 *adj.* 平均的　*n.* 平均
　on an 〔*the*〕 *average* 平均

quarter 〔ˋkwɔrtɚ〕 *n.* 四分之一　*v.* 分成四等分
　half 〔hæf, hɑf〕 *n.* 二分之一

minimum 〔ˋmɪnəməm〕 *adj.* 最低的
　n. 最小量；最低限
　maximum 〔ˋmæksəməm〕 *adj.* 最大的　*n.* 最大量

minute 〔maɪˋnjut, mə-〕 *adj.* 微小的
　minute 〔ˋmɪnɪt〕 *n.* 分 (時間單位)

● 位　置

distant 〔ˋdɪstənt〕 *adj.* 遠的
　distance *n.* 距離　*in the distance* 在遠處

remote 〔rɪˋmot〕 *adj.* 遙遠的
　remote control 遙控

opposite 〔ˋɑpəzɪt〕 *adj.* 相反的　*n.* 相反的事物
　opposition 〔ˌɑpəˋzɪʃən〕 *n.* 反對
　oppose 〔əˋpoz〕 *v.* 反對

external 〔ɪkˈstɝṇḷ〕 *adj.* 外部的　*n.* 外表
　internal 〔ɪnˈtɝṇḷ〕 *adj.* 內在的　*n.* 〔～s〕內臟

center 〔ˈsɛntɚ〕 *n.* 中心
　central 〔ˈsɛntrəl〕 *adj.* 中心的

bottom 〔ˈbɑtəm〕 *n.* 底；基礎
　top 〔tɑp〕 *n.* 頂；極致

basis 〔ˈbesɪs〕 *n.* 基礎　《*pl.*》bases 〔ˈbesiz〕
　basic 〔ˈbesɪk〕 *adj.* 基礎的

surround 〔səˈraʊnd〕 *v.* 包圍
　surroundings 〔səˈraʊndɪŋz〕 *n., pl.* 環境

circuit 〔ˈsɝkɪt〕 *n.* 周圍；巡迴

edge 〔ɛdʒ〕 *n.* 邊緣　*v.* 加邊

● 形　狀

form 〔fɔrm〕 *n.* 形狀　*v.* 形成
　formal 〔ˈfɔrmḷ〕 *adj.* 正式的

shape 〔ʃep〕 *n.* 形狀
　in the shape of ～的形狀

uniform 〔ˈjunəˌfɔrm〕 *adj.* 一律的　*n.* 制服
　uniformity 〔ˌjunəˈfɔrmətɪ〕 *n.* 一致；同一性

aspect 〔ˈæspɛkt〕 *n.* 外觀；觀點

spot〔spɑt〕*n.* 點；地點　*v.* 沾污

　on the spot 當場；立刻

line〔laɪn〕*n.* 線　*v.* 畫線；排隊

series〔'sɪriz, 'sɪrɪz〕*n.* 連續；系列

　a series of 一連串的～

row〔ro〕*n.* 行列

　in a row 成排；接連地

range〔rendʒ〕*n.* 列；範圍
　v. 排列；在範圍之內

flat〔flæt〕*adj.* 平的　*n.* 平面；《英》公寓
　flatten *v.* 使平

level〔'lɛvḷ〕*n.* 水平　*adj.* 平坦的　*v.* 使成水平

rectangle
〔'rɛktæŋgḷ〕*n.* 長方形

triangle
〔'traɪˌæŋgḷ〕*n.* 三角形

circle
〔'sɝkḷ〕*n.* 圓

cone
〔kon〕*n.* 圓錐體

cylinder
〔'sɪlɪndɚ〕*n.* 圓柱體

cube
〔kjub〕*n.* 立方體

circle 〔'sɝkḷ〕 *n.* 圓
  circular 〔'sɝkjələ〕 *adj.* 圓的；巡迴的
  circulate 〔'sɝkjə,let〕 *v.* 循環
  circulation 〔,sɝkjə'leʃən〕 *n.* 循環；銷售量

parallel 〔'pærə,lɛl〕 *adj.* 平行的　　*n.* 類似物
  v. 使平行；比較

transform 〔træns'fɔrm〕 *v.* 使變形
  transformation 〔,trænsfə'meʃən〕 *n.* 變形

alter 〔'ɔltɚ〕 *v.* 改變（＝change）
  alteration 〔,ɔltə'reʃən,〕 *n.* 變更

vary 〔'vɛrɪ〕 *v.* 改變
  variety 〔və'raɪətɪ〕 *n.* 變化
  various 〔'vɛrɪəs〕 *adj.* 種種的

●狀　態

circumstance 〔'sɝkəm,stæns〕 *n.* 〔～s〕環境；情形

situation 〔,sɪtʃʊ'eʃən〕 *n.* 位置；狀況

condition 〔kən'dɪʃən〕 *n.* 條件；〔～s〕狀況
  conditional 〔kən'dɪʃənḷ〕 *adj.* 有條件的

background 〔'bæk,graʊnd〕 *n.* 背景
  foreground 〔'for,graʊnd,'fɔr-〕 *n.* 前景

opportunity 〔,ɑpə'tjunətɪ〕 *n.* 機會

chance 〔tʃæns〕 *n.* 機會　*v.* 偶然發生
　by chance 偶然地

occasion 〔əˈkeʒən〕 *n.* 特殊的時機；場合
　on occasion 有時　　occasional *adj.* 偶然的
　occasionally *adv.* 有時

case 〔kes〕 *n.* 場合；事例
　in any case 無論如何

matter 〔ˈmætɚ〕 *n.* 事件　*v.* 有重要性
　as a matter of fact 實際上

　　　　　✖　　　　　　　　✖

casual 〔ˈkæʒʊəl〕 *adj.* 偶然的；隨便的
　casualty 〔ˈkæʒʊəltɪ〕 *n.* 意外；〔~s〕死傷人數

complex 〔kəmˈplɛks, ˈkamplɛks〕 *adj.* 複雜的
　〔ˈkamplɛks〕 *n.* 情結
　simple *adj.* 單純的
　inferiority complex 自卑感

complicated 〔ˈkamplə,ketɪd〕 *adj.* 複雜的
　complicate 〔ˈkamplə,ket〕 *v.* 使複雜
　complication 〔,kampləˈkeʃən〕 *n.* 複雜

monotonous 〔məˈnatn̩əs〕 *adj.* 單調的
　monotony 〔məˈnatn̩ɪ〕 *n.* 單調

loose〔lus〕*adj.* 鬆的
　　loosen〔'lusn̩〕*v.* 放鬆；解開

tight〔taɪt〕*adj.* 緊的
　　tighten〔'taɪtn̩〕*v.* 拉緊

broad〔brɔd〕*adj.* 寬的；廣的
　　breadth〔brɛdθ〕*n.* 寬度
　　broaden〔'brɔdn̩〕*v.* 放寬

narrow〔'næro〕*adj.* 狹窄的　*v.* 使狹窄
　　narrowly *adv.* 狹窄地

superficial〔,supə'fɪʃəl,,sju-〕*adj.* 表面的；膚淺的

rough〔rʌf〕*adj.* 粗糙的
　　smooth〔smuð〕*adj.* 平滑的

❀　　　　　　　　❀

violent〔'vaɪələnt〕*adj.* 猛烈的
　　violence *n.* 猛烈；暴力

calm〔kɑm〕*adj.* 平靜的　*v.* 使平靜
　　calmness *n.* 平靜

direct〔də'rɛkt,daɪ-〕*adj.* 直接的　*v.* 指揮；指引
　　direction〔də'rɛkʃən,daɪ-〕*n.* 方向

straight〔stret〕*adj.* 直的
　　straighten〔'stretn̩〕*v.* 使直

upright〔'ʌp,raɪt, ʌp'raɪt〕*adj.* 直立的；正直的

firm〔fɜm〕*adj.* 堅固的；堅定的　　firmness *n.* 堅固

solid〔'salɪd〕*adj.* 固體的　　*n.* 固體
　liquid〔'lɪkwɪd〕*n., adj.* 液體（的）
　fluid〔'fluɪd〕*n., adj.* 流體（的）
　gaseous〔'gæsɪəs〕*adj.* 氣體的

thin〔θɪn〕*adj.* 薄的　　thick〔θɪk〕*adj.* 厚的

pure〔pjʊr〕*adj.* 純粹的
　purity〔'pjʊrətɪ〕*n.* 純粹；純潔
　purify〔'pjʊrə,faɪ〕*v.* 精煉

　　　　　✖　　　　　　　✖

bare〔bɛr〕*adj.* 赤裸的；無隱藏的
　naked〔'nekɪd〕*adj.* 裸體的

sharp〔ʃarp〕*adj.* 銳利的
　blunt〔blʌnt〕, dull〔dʌl〕*adj.* 鈍的
　sharpen〔'ʃarpən〕*v.* 使銳利

brief〔brif〕*adj.* 短暫的；簡短的　　*to be brief* 簡言之

unique〔ju'nik〕*adj.* 唯一的；獨特的

rare〔rɛr〕*adj.* 罕見的
　rarely *adv.* 罕見地（= seldom）

vacant〔'vekənt〕*adj.* 空的；閒暇的
　vacancy *n.* 空虛

●大小・增減

spread 〔sprɛd〕*v*. 展開；傳播　*n*. 伸展

expand 〔ɪk'spænd〕*v*. 擴張

contract〔kən'trækt〕*v*. 縮小

expansion〔ɪk'spænʃən〕*n*. 擴張(＝expanse〔ɪk'spæns〕)

extend 〔ɪk'stɛnd〕*v*. 延長

extension〔ɪk'stɛnʃən〕*n*. 延長；擴充

extensive〔ɪk'stɛnsɪv〕*adj*. 廣泛的

✼　　✼

magnify 〔'mægnə,faɪ〕*v*. 放大

magnificent〔mæg'nɪfəsn̩t〕
adj. 壯麗的

magnificence〔mæg'nɪfəsn̩s〕
n. 堂皇

magnifying glass
放大鏡

add 〔æd〕*v*. 加

addition〔ə'dɪʃən〕
n. 加法；附加物

in addition to 除～之外

additional〔ə'dɪʃənl̩〕*adj*. 附加的

decrease 〔dɪ'kris，ˌdi'kris〕*v*. 減少
(＝lessen〔'lɛsn̩〕)　〔'dikris〕*n*. 減少

increase 〔ɪn'kris〕*v*.　〔'ɪnkris，'ɪŋk-〕*n*.
增加

diminish 〔dəˈmɪnɪʃ〕 *v*. 減少；縮小

reduce 〔rɪˈdjus〕 *v*. 減少；降低
　reduction 〔rɪˈdʌkʃən〕 *n*. 縮小；減少

restrict 〔rɪˈstrɪkt〕 *v*. 限制
　restriction 〔rɪˈstrɪkʃən〕 *n*. 限制

limit 〔ˈlɪmɪt〕 *v*. 限制　*n*. 界限　limited *adj*. 被限制的
　limitation 〔ˌlɪməˈteʃən〕 *n*. 限制

huge 〔hjudʒ〕 *adj*. 巨大的　tiny 〔ˈtaɪnɪ〕 *adj*. 微小的

enormous 〔ɪˈnɔrməs〕 *adj*. 巨大的

immense 〔ɪˈmɛns〕 *adj*. 巨大的；廣大的
　immensity 〔ɪˈmɛnsətɪ〕 *n*. 廣大無邊

tremendous 〔trɪˈmɛndəs〕 *adj*. 巨大的；非常的

vast 〔væst, vɑst〕 *adj*. 廣大的；非常的
　vastness *n*. 廣大

CHECK

T E S T · 9

2 配合題

I. 1. 永恆地　　（　　）　　2. 雕像　　　　（　　）

　　3. 準時的　　（　　）　　4. 整體　　　　（　　）

　　5. 黎明　　　（　　）　　6. 質　　　　　（　　）

　　7. 突然的　　（　　）　　8. 豐富的　　　（　　）

　　9. 絕對的　　（　　）　　10. 一定的　　　（　　）

　　11. 估計　　　（　　）　　12. 迅速的　　　（　　）

　　13. 計算　　　（　　）　　14. 時代　　　　（　　）

　　15. 不變的　　（　　）　　16. 捨棄　　　　（　　）

．．

A. stature　　　B. punctual　　C. statue
D. reckon　　　E. abundant　　F. quantity
G. definite　　　H. period　　　I. quick
J. abandon　　　K. forever　　　L. quality
M. absolute　　　N. sudden　　　O. constant
P. status　　　　Q. daybreak　　R. whole
S. infinite　　　T. estimate　　U. circular

Ⅱ. 1. occasionally （　　） 2. background　（　　）

3. external （　　） 4. remote 　（　　）

5. straighten （　　） 6. violence （　　）

7. purity （　　） 8. surroundings （　　）

9. casualty （　　） 10. monotony （　　）

11. magnify （　　） 12. square （　　）

13. uniform （　　） 14. expand （　　）

．．

a. 內部的　　b. 方形的　　c. 遙遠的　　d. 純潔

e. 複雜的　　f. 死傷人數　g. 放大　　　h. 制服

i. 暴力　　　j. 外部的　　k. 圓形的　　l. 擴張

m. 周圍　　　n. 場合　　　o. 單調　　　p. 背景

q. 偶然的　　r. 使直　　　s. 環境　　　t. 有時

2 中翻英：

1. 不足的 ＿＿＿＿＿＿ 2. 膚淺的 ＿＿＿＿＿＿

3. 正式的 ＿＿＿＿＿＿ 4. 距離 (*n.*)＿＿＿＿＿＿

5. 堂皇 (*n.*)＿＿＿＿＿＿ 6. 種種的 ＿＿＿＿＿＿

7. 相反的 ＿＿＿＿＿＿ 8. 情結 (*n.*)＿＿＿＿＿＿

9. 固體的 ＿＿＿＿＿＿ 10. 邊緣 ＿＿＿＿＿＿

11. 有條件的 (*adj.*) _____   12. 平行的 _____

13. 連續 (*n.*) _____   14. 百分比 (*n.*) _____

15. 縮小 (*v.*) _____   16. 附加物 (*n.*) _____

17. 底部 _____   18. 重量 (*n.*) _____

19. 方向 (*n.*) _____   20. 平靜 (*n.*) _____

③ 英翻中：

1. immediately_____   2. range (*n.*) _____

3. surround_____   4. fluid (*adj.*) _____

5. rough _____   6. minority _____

7. contemporary_____   8. diminish _____

9. internal _____   10. sufficiency_____

11. breadth _____   12. interval _____

13. futureless_____   14. transform_____

15. restriction_____   16. minimum_____

17. calculation_____   18. tremendous_____

19. extra (*adj.*) _____   20. permanent_____

4 翻譯塡空：

matter	calculate	central	increase
dawn	rare	obviously	majority

1. 這部電腦能以音速計算方程式。

This computer can_____equations with the speed of sound.

2. 在任何投票中，多票數才能獲勝。

In any vote, the_____always wins.

3. 這個島的中央部分多山。

The_____part of the island is mountainous.

4. 資本主義顯然是較爲成功的制度。

Capitalism is_____a more successful system.

5. 怎麼了，戴安娜？

What's the_____, Diana？

6. 他的病非常罕見。

His disease is very_____.

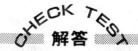
CHECK TEST 解答

Check Test 1

1. I.　1. N　2. P　3. I　4. H　5. R　6. C　7. S　8. L
　　9. J　10. F　11. E　12. M　13. O　14. K　15. B　16. D

Ⅱ.　1. j　2. r　3. m　4. k　5. q　6. b　7. c　8. s
　　9. a　10. d　11. t　12. e　13. o　14. i

2.　1. profile　　2. passionate　　3. breath　　4. rationality
　　5. taste　　6. forehead　　7. ashamed　　8. regret
　　9. muscle　　10. attitude　　11. jealousy　　12. sympathize
　　13. humanity　　14. selfish　　15. childish　　16. disappoint
　　17. frank　　18. capacity　　19. cruel　　20. desperate

3.　1. 姆指　　2. 嚴厲的　　3. 才能　　4. 害羞的
　　5. 可看見的　　6. 悲傷　　7. 狡猾的　　8. 汗
　　9. 高貴的　　10. 習慣的　　11. 使驚訝　　12. 醜的
　　13. 腰　　14. 精神的　　15. 可怖的　　16. 固執的
　　17. 誠實的　　18. 憂慮　　19. 孤獨的　　20. 娛樂

4.　1. naked　　2. optimistic　　3. familiar　　4. keen
　　5. scratch　　6. descend

Check Test 2

1. I.　1. G　2. T　3. J　4. H　5. R　6. N　7. C　8. Q
　　9. O　10. K　11. A　12. B　13. I　14. L　15. F　16. D

Ⅱ. 1. p   2. g   3. o   4. c   5. f   6. a   7. s   8. l
   9. k   10. b   11. q   12. d   13. n   14. t

2. 1. spontaneous   2. definition   3. performance   4. suffer
   5. voluntary   6. schedule   7. miserable   8. appreciate
   9. determined   10. hostile   11. repeat   12. favorite
   13. interest   14. prejudice   15. succeed   16. devote
   17. mistake   18. failure   19. pause   20. vain

3. 1. 記得   2. 建立   3. 嘗試   4. 實現
   5. 計劃   6. 捨棄   7. 意圖   8. 研究
   9. 同意   10. 延期   11. 實行的   12. 可疑的
   13. 測驗   14. 努力   15. 確定   16. 預期
   17. 冒險   18. 避免   19. 要求   20. 假定

4. 1. admired   2. agreed   3. sake   4. obtained
   5. denied   6. assured

Check Test *3* ●

1. Ⅰ. 1. G   2. E   3. I   4. M   5. D   6. L   7. R   8. C
   9. F   10. S   11. B   12. J   13. O   14. T   15. N   16. H

Ⅱ. 1. t   2. g   3. e   4. o   5. c   6. k   7. d   8. l
   9. m   10. j   11. i   12. s   13. p   14. n

2. 1. gardening   2. suffocation   3. towel   4. garage
   5. sanitary   6. propose   7. stapler   8. reservation
   9. heir   10. bookseller   11. sportsmanship   12. dessert
   13. destination   14. digestion   15. flood   16. landslide
   17. honeymoon   18. blanket   19. pajamas   20. bookshelf

3　1. 套頭毛衣　　2. 筷子　　　　3. 葬禮　　　　4. 仰泳
　　5. 免疫　　　　6. 離婚　　　　7. 娛樂　　　　8. 冰箱
　　9. 煙囪　　　10. 開胃菜　　　11. 草坪　　　12. 飢餓
　　13. 注射　　　14. 遊樂之地　　15. 居所　　　16. 雜貨店
　　17. 配偶　　　18. 未婚妻　　　19. 損害　　　20. 羊肉

4　1. wedding　　2. sour　　　　3. brooch　　　4. bakery
　　5. fatigue　　6. cure

Check Test *4* ●━━━━━━━━━━━━━━

1　I.　1. C　2. K　3. L　4. R　5. G　6. Q　7. P　8. B
　　　9. E　10. F　11. I　12. N　13. J　14. A　15. H　16. S

　　II.　1. s　2. o　3. c　4. b　5. i　6. r　7. h　8. a
　　　9. j　10. d　11. e　12. n　13. t　14. g

2　1. inspiration　2. temptation　3. civilization　4. welfare
　　5. interfere　6. organization　7. recommend　8. detective
　　9. confession　10. privilege　11. systematic　12. impressive
　　13. reconcile　14. advice　15. usurpation　16. threaten
　　17. forgive　18. innocence　19. obligation　20. allowance

3　1. 維持　　　　2. 有影響力的　　3. 評論　　　4. 介紹
　　5. 可信賴的　　6. 消息　　　　7. 有希望的　8. 依賴的
　　9. 文化　　　10. 中斷　　　　11. 儀式　　　12. 道歉
　　13. 堅持　　　14. 親密的　　　15. 羣眾　　　16. 反應
　　17. 行為　　　18. 背叛　　　　19. 孤立　　　20. 情愛

4　1. natives　　2. support　　　3. convince　　4. share
　　5. warned　　6. pickpocket

Check Test *5* ●━━━━━━━━━━━━━━━━━━━━

1 I. 1. R　2. N　3. K　4. S　5. D　6. M　7. B　8. H
　　9. T　10. F　11. C　12. E　13. L　14. G　15. O　16. Q

　II. 1. p　2. m　3. e　4. l　5. d　6. k　7. q　8. i
　　9. j　10. n　11. h　12. b　13. r　14. t

2 1. military　2. Spanish　3. territory　4. budget
　5. Norway　6. economical 7. currency　8. unemployment
　9. Dutch　10. advertise　11. efficiency　12. colony
　13. bankrupt　14. fleet　15. comsumption 16. revolution
　17. bonus　18. capital　19. financial　20. professional

3 1. 勤勉的　2. 潛水艇　3. 政治家　4. 征服
　5. 勝利　6. 展覽會　7. 有進取心的　8. 土耳其
　9. 解雇　10. 債務　11. 昂貴的　12. 軍人
　13. 飛彈　14. 候選人　15. 自由　16. 阿根廷
　17. 契約　18. 政府　19. 邊界　20. 所得

4 1. produce　2. Africa　3. trade　4. incomes
　5. attacked　6. army

Check Test *6* ●━━━━━━━━━━━━━━━━━━━━

1 I. 1. H　2. M　3. K　4. A　5. P　6. Q　7. C　8. S
　　9. E　10. B　11. J　12. F　13. O　14. R　15. I　16. L

　II. 1. l　2. j　3. q　4. c　5. f　6. b　7. h　8. p
　　9. g　10. t　11. n　12. o　13. e　14. s

2 1. epic   2. alphabetical 3. novelty   4. prayer
  5. education   6. manuscript   7. index   8. pronunciation
  9. summary   10. laboratory   11. romantic   12. moral
  13. symbolic   14. slavery   15. subscribe   16. magician
  17. graduate   18. logic   19. superstition   20. editorial

3 1. 引用   2. 暗示   3. 犧牲   4. 廢墟
  5. 天主教   6. 軼事   7. 強調   8. 處罰
  9. 詛咒   10. 具體的   11. 傳說   12. 正義
  13. 暢銷書   14. 戲劇家   15. 寺廟   16. 悲劇的
  17. 百科全書 18. 祝福   19. 原始的   20. 銷售量

4 1. dormitories 2. describe   3. accent   4. original
  5. church   6. journalist

Check Test *7*

1 I. 1. O   2. M   3. F   4. H   5. E   6. J   7. P   8. C
     9. D   10. B   11. K   12. L   13. N   14. Q   15. I   16. A

  II. 1. c   2. e   3. f   4. d   5. r   6. o   7. b   8. m
      9. l   10. n   11. g   12. p   13. s   14. h

2 1. steam   2. invention   3. lighthouse   4. electronics
  5. experiment 6. architecture 7. diamond   8. reflection
  9. microscope 10. silver   11. stewardess 12. technology
  13. transparent 14. timetable   15. engine   16. metal
  17. analysis   18. customs   19. mineral   20. passenger

3 1. 廣播　　　　2. 技工　　　　3. 原料　　　　4. 博物館
　　5. 乘船　　　　6. 沈默的　　　7. 無線電傳眞　8. 直升機
　　9. 焦點　　　　10. 溫度計　　　11. 大理石　　　12. 珍珠
　　13. 飛行員　　　14. 路線　　　　15. 儀器　　　　16. 運河
　　17. 明亮的　　　18. 核子的　　　19. 加強　　　　20. 擋風玻璃

4 1. energy　　2. dialed　　3. transferred　　4. baggage
　　5. iron　　　6. gas

Check Test 8

1 I. 1. G　2. E　3. J　4. M　5. Q　6. O　7. B　8. F
　　9. D　10. R　11. S　12. P　13. K　14. C　15. N　16. T

　Ⅱ. 1. i　2. a　3. r　4. c　5. m　6. d　7. q　8. t
　　9. o　10. p　11. e　12. k　13. s　14. g

2 1. wild　　　　2. horizontal　　3. daisy　　　4. plant
　　5. continent　　6. pollution　　7. peacock　　8. ivy
　　9. planet　　　10. suburb　　　11. branch　　　12. valley
　　13. desert　　　14. atmosphere　15. elephant　　16. harvest
　　17. migration　　18. vertical　　19. tropical　　20. satellite

3 1. 鄉村的　　　2. 重力　　　　3. 村莊　　　　4. 麻雀
　　5. 軌道　　　　6. 赤道　　　　7. 向日葵　　　8. 地球
　　9. 肥沃的　　　10. 火山　　　　11. 霜　　　　　12. 海峽
　　13. 環境　　　　14. 哺乳動物　　15. 宇宙　　　　16. 現象
　　17. 自然的　　　18. 駱駝　　　　19. 天空　　　　20. 半球

4 1. areas　　　2. beach　　　3. foggy　　　4. wings
　　5. Snakes　　6. spider

Check Test 9 ●━━━━━━━━━━━━━━━

1 I. 1. K   2. C   3. B   4. R   5. Q   6. L   7. N   8. E
       9. M   10. G   11. T   12. I   13. D   14. H   15. O   16. J

   II. 1. t   2. p   3. j   4. c   5. r   6. i   7. d   8. s
       9. f   10. o   11. g   12. b   13. h   14. l

1 1. deficient   2. superficial   3. formal   4. distance
   5. magnificence   6. various   7. opposite   8. complex
   9. solid   10. edge   11. conditional 12. parallel
   13. series   14. percentage   15. contract   16. addition
   17. bottom   18. weight   19. direction   20. calmness

3 1. 立刻   2. 範圍   3. 包圍   4. 流體的
   5. 粗糙的   6. 少數   7. 現代的   8. 減少
   9. 內在的   10. 充足   11. 寬度   12. 間隔
   13. 前途無望的   14. 使變形   15. 限制   16. 最小值
   17. 計算   18. 非常的   19. 額外的   20. 永久的

4 1. calculate   2. majority   3. central   4. obviously
   5. matter   6. rare

說英文高手 | 與傳統會話教材有何不同？

1. 我們學了那麼多年的英語會語，為什麼還不會說？

我們所使用的教材不對。傳統實況會話教材，如去郵局、在機場、看醫生等，勉強背下來，哪有機會使用？不使用就會忘記。等到有一天到了郵局，早就忘了你所學的。

2.「說英文高手」這本書，和傳統的英語會話教材有何不同？

「說英文高手」這本書，以三句為一組，任何時候都可以說，可以對外國人說，也可以和中國人說，有時可自言自語說。例如：你幾乎天天都可以說：What a beautiful day it is! It's not too hot. It's not too cold. It's just right. 傳統的英語會話教材，都是以兩個人以上的對話為主，主角又是你，又是別人，當然記不下來。「說英文高手」的主角就是你，先從你天天可說的話開始。把你要說的話用英文表達出來，所以容易記下來。

3. 為什麼用「說英文高手」這本書，學了馬上就會說？

書中的教材，學起來有趣，一次說三句，不容易忘記。例如：你有很多機會可以對朋友說：Never give up. Never give in. Never say never.

4. 傳統會話教材目標不明確，一句句學，學了後面，忘了前面，一輩子記不起來。「說英文高手」目標明確，先從一次說三句開始，自我訓練以後，能夠隨時說六句以上，例如：你說的話，別人不相信，傳統會話只教你一句：I'm not kidding. 連這句話你都會忘掉。「說英文高手」教你一次說很多句：

> I mean what I say.
> I say what I mean.
> I really mean it.
>
> I'm not kidding you.
> I'm not joking with you.
> I'm telling you the truth.

你唸唸看，背這六句是不是比背一句容易呢？能夠一次說六句以上英文，你會有無比興奮的感覺，當說英文變成你的愛好的時候，你的目標就達成。

全國最完整的文法書 ★★☆
文法寶典

劉 毅 編著

這是一套想學好英文的人必備的工具書，作者積多年豐富的教學經驗，針對大家所不了解和最容易犯錯的地方，編寫成一套完整的文法書。

本書編排方式與眾不同，首先給讀者整體的概念，再詳述文法中的細節部分，內容十分完整。文法說明以圖表爲中心，一目了然，並且務求深入淺出。無論您在考試中或其他書中所遇到的任何不了解的問題，或是您感到最煩惱的文法問題，查閱**文法寶典**均可迎刃而解。例如：哪些副詞可修飾名詞或代名詞？(P.228)；什麼是介詞？(P.543)；那些名詞可以當副詞用？(P.100)；倒裝句(P.629)、省略句(P.644)等特殊構句，爲什麼倒裝？爲什麼省略？原來的句子是什麼樣子？在**文法寶典**裏都有詳盡的說明。

例如，有人學了**觀念錯誤的**「假設法現在式」的公式，

> If＋現在式動詞……，主詞＋shall（will, may, can）＋原形動詞

只會造：If it rains, I will stay at home.

而不敢造：If you *are* right, I *am* wrong.

　　　　　If I *said* that, I *was* mistaken.

　　　　（If 子句不一定用在假設法，也可表示條件子句的直說法。）

可見如果學文法不求徹底了解，反而成爲學習英文的絆腳石，對於這些易出錯的地方，我們都特別加以說明（詳見 P.356）。

文法寶典每冊均附有練習，只要讀完本書、做完練習，您必定信心十足，大幅提高對英文的興趣與實力。

◉ 全套五冊，售價**900**元。市面不售，請直接向本公司購買。

●在下列各書局可以買到學習出版公司之書籍及錄音帶

●台北市●	南陽書局	今博書局	明志工專	●永和●	崇文圖書
重南書局	三友書局	鑫日書局	崇文圖書	東豐書局	●泰山鄉●
文翔書局	華星書局	太華書局	廣奧書局	國中書局	大雅書局
衆文書局	新學友書局	平峰書局	進文堂書局	宇城書局	●淡水●
永大書局	來來百貨	百合書局	福勝書局	潮流書局	文理書局
巨擘書局	永漢書局	朝陽書局	大智書局	文德書局	匯林書局
新智書局	力行書局	天才學局	書林書局	大方書局	淡友書局
正文書局	泰堂書局	久大書	景優書局	超群書局	國賓書局
弘雅書局	金橋圖書股	香世界	香草山書局	文山書局	匯文書局
文友書局	份有限公司	東利書局	漢記書局	三通書局	中外書局
博大書局	文普書局	聯合資訊	光啓書局	●中和●	●羅東●
致遠書局	力霸百貨	天下電腦	增文堂書局	景新書局	翰林書局
千華書局	集太祥書局	信宏書局	富美書局	華陽書局	統一書局
曉園書局	偉群書局	校園書局	中一書局	●新店●	學人書局
建宏書局	萬泰書局	中興大學	葉山書局	華泰書局	三民學局
宏業書局	明志書局	圖書部	漢文書局	文風書局	國泰書局
文康書局	宏玉書局	合歡書局	師大書苑	勝博書局	環華書局
光統書局	興來百貨	博聞堂書局	學海書局	文山書局	國民書局
文源書局	文佳書局	政大書局	克明書局	宏德書局	●宜蘭●
翰輝書局	自力書局	再興書局	華城書局	●板橋●	華山書局
文化書局	誼美書局	建安書局	崇暉書局	永一書局	金隆書局
正元書局	水準書局	文理書局	來來書局	優豪電腦	新時代書局
天龍書局	中美書局	華一書局	青草地書局	建盈書局	四季風書局
金石堂	中頂書局	伯樂書局	實踐書坊	賢明書局	方向書局
文化廣場	今日書局	東光百	人人書局	流行站百貨	●花蓮●
建德書報社	長樂書局	貨公司	文軒書局	恒隆書局	千歲書坊
貞德書報社	德昌書局	宏明書局	升華書局	啓文書局	中原書局
百全書報社	敦煌書局	建國書局	大學書局	峰國書局	新生書局
聯宏書報社	松芳書局	中建書局	東成書局	文林書局	精藝書坊
聯豐書報社	弘文書局	師大書局	長青書局	文人書局	●台東●
華一書報社	統領書局	浦公英書局	玉山書局	文城書局	徐氏書局
偉正書報社	永琦書局	夢溪書局	亨得利書局	大漢書局	統一書局
恒立書報社	鴻源百貨	時報出版社	文達書局	大有爲書局	●金門●
中台書報社	敬恒書局	宏欣書局	光華書局	●三重●	翰林書局
建興書局	新光百貨	桂冠出版社	冠德書局	義記書局	源成書局
文笙書局	益群書局	九章出版社	宗記書局	日新書局	金鴻福書局
大中國書局	聯一書局	開發書局	士林書局	文海書局	●澎湖●
國聯書局	朝陽書局	智邦書局	宇文書局	百勝書局	大衆書局
宏一書局	六福堂書局	永豐餘	檸檬黃書局	仁人書局	黎明書局
宏昇書局	博文堂書局	永星書局	大漢書局	●新莊●	●桃園●
百文書局	益民書局	漢昇書局	信加書局	珠海書局	文化書局
鴻儒堂書局	捨而美書局	慈暉書局	勝一書局	鴻陽書局	中山書局
廣城書局	百葉書局	達仁書局	兒童百科	文林書局	天寧書局
學語書局		新興書局	書 局	辰陽書局	東方書局

東海書局
大新書局
奇奇書局
全國優良圖書展藍源德
好學生書局
●中壢●
立德書局
文明書局
文化書局
貞德書局
建宏書局
博士書局
奇奇書局
大學書局
●新竹●
大學書局
昇大書局
六藝出版社
竹一書局
仁文書局
學府書局
文華書局
黎明書局
文國書局
金鼎獎書局
大新書局
文山書局
弘文書局
德興書局
學風書局
泰昌書局
滋朗書局
排行榜書局
光南書局
大華書報社
●苗栗●
益文書局
芙華書局
建國書局
文華書局
●基隆●
文粹書局
育德書局

自立書局
明德書局
中興書局
文隆書局
建國書局
文豐書局
●台中市●
宏明書局
曉園出版社
台中門市
滄海書局
大學圖書供應社
逢甲書局
聯經出版社
中央書局
大衆書局
新大方書局
中華書局
文軒書局
柏林書局
亞勝補習班
文化書城
三民書局
台一書局
興大書局
興大書齋
興大書局
正文書局
新能書局
新學友學局
全文書局
國鼎書局
國寶書局
華文書局
建國書局
汗牛書屋
享聲唱片行
華中書局
逢甲大學
諾貝爾書局
中部書報社
中一書局
明道書局

振文書局
中台一專
盛文書局
●台中縣●
三民書局
建成書局
欣欣唱片行
大千書局
中一書局
明道書局
●彰化●
復文書局
東門書局
新新書局
台聯書局
時代書局
成功書局
世界書局
來來書局
翰林書局
一新書局
中山書局
文明書局
●雲林●
建中書局
大山書局
文芳書局
國光書局
良昌書局
三民書局
●嘉義市●
文豐書局
慶隆證書局
義豐書局
志成書局
大漢書局
書苑庭書局
學英公司
天才書局
學英書局
光南書局
嘉聯書報社
●嘉義縣●
建成書局

●台南縣●
全勝書局
博大書局
第一書局
南一書局
柳營書局
●台南市●
欣欣文化社
光南唱片行
嘉南書社
第一書局
東華書局
成功大學書局部
成大書城
文山書局
孟子書局
大友書局
松文書局
盛文書局
台南書局
日勝書局
旭日書局
南台圖書公司
金寶書局
船塢書坊
南一書局
大統唱片行
國正書局
源文書局
永茂書報社
天才書局
●高雄縣●
延平書局
欣良書局
大岡山書城
時代書局
鳳山大書局
遠東大書城
天下書局
杏綱書局
統一書局
百科書局

志成書局
光遠書局
●高雄市●
高雄書報社
宏昇書局
理想書局
高文堂書局
松柏書局
三民書局
光南書局
國鼎書局
文英書局
黎明書局
光明書局
前程書局
労行書局
登文書局
青山外語補習班
六合書局
美新書局
朝代書局
意文書局
地下街文化廣場
大立百貨公司圖書部
大統百貨公司圖書部
黎明文化
有前書局
建工書局
鐘樓書局
青年書局
瓊林書局
大學城書局
引想力書局
永大書局
杏莊書局
儒林書局
雄大書局
復文書局
致遠書局
明仁書局

宏亞書局
瀚文書局
天祥書局
廣文書局
楊氏書局
慈珊書局
盛文書局
光統圖書百貨
愛偉書局
●屏東●
復文書局
建利書局
百成書局
新星書局
百科書局
屏東書城
英格文教社
賢明書局
大古今書局
屏東農專圖書部
順時書局
百順書局

Editorial Staff

● 企劃・編著 / 陳瑠琍

● 校訂

　劉　毅・陳美黛・鄭明俊・張玉玲

　程文嬌・黃馨週・施悅文

● 校閱

　Edward C. Yulo ・ Larry Marx

　Kevin Caffrey ・ Thomas Deneau

　Dorothy Carin

● 封面設計 / 周國成

● 版面設計 / 張鳳儀・白雪嬌

● 版面構成 / 蘇淑玲

● 打字

　黃淑貞・蘇淑玲・倪秀梅・吳秋香

||||||||||||| ● 學習出版公司門市部 ● |||||||||||||||

台北地區：台北市許昌街 10 號 2 樓 TEL：(02)2331-4060・2331-9209

台中地區：台中市綠川東街 32 號 8 樓 23 室
　　　　　TEL：(04)223-2838

||||||||||||||||||||||||||||||||||||||||||||||||

通車族生活英單字

編　　著／陳瑠琍

發　行　所／學習出版有限公司　　　　　☎ (02) 2704-5525

郵 撥 帳 號／0512727-2 學習出版社帳戶

登　記　證／局版台業 2179 號

印　刷　所／裕強彩色印刷有限公司

台 北 門 市／台北市許昌街 10 號 2 F　　　☎ (02) 2331-4060・2331-9209

台 中 門 市／台中市綠川東街 32 號 8 F 23 室　☎ (04) 223-2838

台灣總經銷／學英文化事業公司　　　　　☎ (02) 2218-7307

美國總經銷／Evergreen Book Store　　　☎ (818) 2813622

售價：新台幣一百五十元正

1998 年 4 月 1 日一版四刷

ISBN 957-519-207-9